高等学校语言学技术实验教材

范俊军　彭志峰　编著

多媒体语料转写标注教程

DUOMEITI YULIAO
ZHUANXIE BIAOZHU JIAOCHENG

广东高等教育出版社
Guangdong Higher Education Press

·广州·

图书在版编目（CIP）数据

多媒体语料转写标注教程/范俊军，彭志峰编著. —广州：广东高等教育出版社，2017.6
ISBN 978-7-5361-5875-7

Ⅰ.①多… Ⅱ.①范… ②彭… Ⅲ.①多媒体－语料库－转写－标注（编辑）－教材 Ⅳ.①H0

中国版本图书馆 CIP 数据核字（2017）第 055135 号

出版发行	广东高等教育出版社
	地址：广州市天河区林和西横路
	邮编：510500　　营销电话：（020）87553735
	网址：www.gdgjs.com.cn
印　刷	南方医科大学广州广卫印刷厂
开　本	787 mm × 1 092 mm　　1/16
印　张	8.75
字　数	150 千
版　次	2017 年 6 月第 1 版
印　次	2017 年 6 月第 1 次印刷
定　价	28.00 元（含光盘）

前　言

近年来一些高等院校的中文系、少数民族语言文学系、语言学及应用语言学系在本科高年级或研究生阶段开设了田野语言学、实验语音学、计算语言学、语料库语言学等专业选修课。这些课程属于语言技术范畴。广义的语言技术包括一切与语言文字相关的科技知识、技术处理、技术研究和应用开发。狭义的语言技术主要指运用技术的方法手段采集、处理和分析语言文字。暨南大学中文系自2009年开始给汉语方言和少数民族语言专业的研究生讲授语言技术课程，内容涉及语言田野调查技术、口语语料库、新媒体语言技术基础等。2013年开始举办语料采录和加工处理的假期研习班，旨在语言学师生和语言文字工作者间传播和普及语言资源处理的基础知识和基本技能。

语言技术课程要以大量言语声音和文本语料作为基础。语言调查及语料记录的知识和技能训练，通常由田野语言学即语言调查课负责。语言调查课一般侧重讲授如何实地笔记获取语料，而不包括采录多媒体语料以及语料后期加工。采录多媒体语料以及语料转写标注加工，需要专门知识和技术工具。在当今数字技术高度发展的时代，对语言学专业的师生和语文工作者来说，学习和掌握语料技术处理的基础知识和基本技能，很有必要。将多媒体语料转写标注作为一门语言学技术实验课程，目的就是要促使语料技术加工成为我国语言调查研究和语言资源建设的一种工作常态。

本教程根据近年的授课和培训讲义整理而成，内容包括数字录音机、音频编辑软件、田野调查软件、语料标注软件的操作实践和相关知识，重点是有声语料转写标注工具。配套光盘提供了技术工具安装程序和每个实例的媒体文件及其数据文件。教程内容可作为"田野语言学"或"语料库语言学"的组成内容讲授，也可单独设立选修课。本科阶段可安排在四年级上学期。作为研究生专业课，可安排在一年级上学期。课程总学时应不少于20学时，其中录音及音频剪辑3～4

学时，语言调查软件 6 学时，语料转写标注软件 10~16 学时。课程教学应以实验操作为主，以理论讲授为辅，重点围绕实例进行操作训练，举一反三，熟练掌握几种技术工具，培养获取新知识和学习新工具的能力。

编写多媒体语料转写标注技术实验教材，应把多媒体语料的采录、处理和利用，同技术工具的独特功能优势进行整合与融通。从这个要求来看，本教程还存在许多不足。鉴于此，我们恳切希望广大师生和读者提出批评和建议。

编著者

2016 年 12 月

目 录 MULU

绪论 ··· 1

第一章　数字录音机的操作 ·· 4
　　第一节　数字录音机的录音操作 ·· 4
　　第二节　录音模式和菜单功能 ·· 5

第二章　音频编辑软件 Audacity ··· 10
　　第一节　测定环境噪声和人声 ·· 10
　　第二节　音频降噪和杂音剪除 ·· 11
　　第三节　创建文字标签 ·· 13
　　第四节　音频剪辑和格式转换 ·· 16

第三章　语料转写软件 EXMARaLDA PE ··· 20
　　第一节　下载和安装 EXMARaLDA 及其他程序 ··· 20
　　第二节　EXMARaLDA PE 的操作界面 ·· 22
　　第三节　EXMARaLDA PE 的重要概念 ·· 24
　　第四节　多媒体语料转写准备 ·· 27
　　第五节　新建转写文件 ·· 29
　　第六节　层的定义和编辑 ·· 32
　　第七节　利用现成的转写文件 ·· 35
　　第八节　切分音段、创建事件、录入转写 ·· 38

第九节　导入单一文本资料…………………………………………… 42

第十节　导入对话和分行文本………………………………………… 46

第十一节　粘合转写：导入多段落文本……………………………… 51

第十二节　时间轴插值：自动切分音段和绑定事件………………… 56

第十三节　时间轴简单对齐：快速切音和绑定事件………………… 58

第十四节　自动检查转写错误………………………………………… 60

第十五节　提取转写层的词表………………………………………… 64

第十六节　拆分转写和音频文件……………………………………… 65

第十七节　转写的浏览格式转换……………………………………… 68

第十八节　转写的可视化网页输出…………………………………… 70

第十九节　文件导出：与 Audacity 数据互用 ……………………… 73

第二十节　文件导出：与 ELAN 数据互用 ………………………… 74

第二十一节　文件导出：与 TreeTagger 数据互用 ………………… 75

第四章　语料库软件 Coma 和 EXAKT ……………………………… 78

第一节　演示语料库…………………………………………………… 78

第二节　用 Coma 组织转写文件 …………………………………… 80

第三节　用 EXAKT 搜索和分析语料库 …………………………… 82

第五章　语言调查和建档软件 SonicField ………………………… 86

第一节　声飞主界面菜单……………………………………………… 86

第二节　新建和导入语言调查表……………………………………… 87

第三节　调查表条目录音和转写……………………………………… 91

第四节　数据处理：音标查错、整理声韵调和同音字汇…………… 93

第五节　数据处理：提取句子词表…………………………………… 95

第六节　数据处理：提取话语文本词表和句表……………………… 96

第七节　数据处理：生成多点对照表………………………………… 97

第八节　输出多媒体网页和创建静态网页语料库…………………… 99

第六章　语料转写软件 ELAN ·················· 102

第一节　下载和安装 ELAN 及示例包 ·················· 102
第二节　ELAN 的操作界面 ·················· 103
第三节　ELAN 的基本概念 ·················· 106
第四节　新建标注文件 ·················· 108
第五节　利用模板新建标注文件 ·················· 111
第六节　切割模式：快速切分音段 ·················· 113
第七节　转写模式：边播放，边录入文字 ·················· 116
第八节　标注模式：边切分，边标注 ·················· 118
第九节　浏览标注文本 ·················· 121
第十节　输出和导入 ·················· 123
第十一节　层的自动分词 ·················· 124
第十二节　菜单命令 ·················· 126

绪　论

　　语言是人类的基本特性，是最重要的思维工具和交际工具。语言是国家的一种文化软实力，也是个人素质和能力的体现，语言能力强，掌握多种语言，能增强个人的社会行动力。通用语言和广泛使用的语言是重要的社会资源，非通用语言和使用范围小的语言或方言乃至濒危语言，也有其独特的社会用途和文化价值。早在17世纪，人们就已经注意到，范围小、使用少的方言土语能发挥特殊作用。例如，小方言土语作为传递情报的语言就发挥过重要作用。探险家和博物学家通过方言土语词汇和表达，获得了传统土著生态知识，发现了新物种。联合国教科文组织文件《语言活力与语言濒危》指出："每一种语言都蕴藏一个民族独特的文化智慧……都独特地表达了人类对世界的体验。因此，任何一种语言的知识都可能成为解答人类未来重大问题的钥匙。每消亡一种语言，我们对人类语言结构和功能的理解方式、人类史前史以及保护世界多样化生态系统等方面的证据都会有所减少。"《世界文化多样性宣言》也指出："文化多样性是交流、革新、创作的源泉，对人类来讲就像生物多样性对维护生物平衡那样必不可少。"

　　语言资源有口语资源和文本资源，前者是原生资源，后者是衍生资源。有丰富的原生语言资源，才能产生源源不断的衍生资源。语言资源有地域和生态关联性、专有性和共享性、分布不均衡性和无穷利用性，有着政治、经济、文化、生态和信息价值。语言的政治价值表现为语言的政治和法定地位，对语言权利的肯定和承认，它能树立和强化国家和民族认同。历史上西方殖民者推行自己的语言，压制土著语言，就是为了强化殖民者政治统治。不同国家和不同民族不断密切的交流与沟通，使得语言学习和语言翻译的需求越来越广，语言服务已成为产业，带来了巨大的社会效益和经济效益。尤其是当今信息化时代，语言文字既是信息载体，也是信息本体，语言在信息交流和传播中发挥了无比巨大的作用。

　　现代社会的语言生活更趋多元化。如何促进各种语言适应现代生活，是当代语言技术的重要任务。语言技术是当代信息通信和人工智能技术的一个重要领域，也是语言学和应用语言学的专业知识和基本技能。语言技术的含义可以从广义和狭义去理解，广义的语言技术包括一切与语言文字相关的现代科技知识、技术处理、技术研究和应用开发，狭义的语言技术主要是指运用技术方法和手段对语言样本进行采集、加工和分析处理。语言技术对于当代传媒服务、多语通信、信息服务、语言教学、人工智能、文化保存和传承，都有着十分重要的意义。语言样本即语料是语言技术的对象，因此语言样本和语料资源是语言技术得以运用和发挥的基本条件。

当代数字多媒体技术给语言样本采集和语料资源的集成提供了十分便捷的条件。建设多媒体口语语料库成为当前语言资源建设的一项基础工作。多媒体口语语料库是由音视频语料构成的多媒体语料库，它包括口语语料库、言语语料库、语音语料库、多模态语料库和手语语料库。狭义的口语语料库指自然口语语料库或即兴言语语料库。语料是日常生活即兴话语，如各种言语交际情景和事件话语。口语语料库可用于分析和研究人类口语的特征和特定口语的个性特征，有助于语言研究、语言学习和语言理解，也能为机器模拟话语和人工语言智能提供参数和模式。言语语料库的语料是预先设定内容主题和话语体裁的朗读和说话语料，或基于引导下的即兴话语。例如，说话人在室内根据电脑或屏幕上的语言或文字提示进行朗读或说话，或用电话或手机采录数百人的电话话语。言语语料库可用较少的代表性语料表现更广泛的语言（语音）特征或说话人特征，常用于语言识别、人机对话、文语转换技术的机器训练和测试。语音语料库的语料是基于文本提示或谈话引导的发音、朗读和说话，包括音节、单词、短语、句子等。它只对语音特征（有时包含韵律特征）进行标注，主要用于语音识别和合成。多模态语料库的语料重在多方面表现言语行为。例如，录制多模态语料，不能只关注声音，还要获取与言语同时发生的体态、表情、情感和环境等方面的信息。手语语料库的语料则是可见的手势、表情和动作。

国际上十分重视口语语料库。美国宾夕法尼亚大学语言数据联盟发布了许多语料库。AT&T、微软、Google 公司也都有普通话、粤方言和藏语、蒙古语、维吾尔语、哈萨克语等口语语料库或音库，并有面向市场的语言产品。中国近 10 多年来，口语语料库建设取得了长足发展。如北京语言大学的北京口语语料库[1]，内蒙古自治区的蒙古语语料库，江苏省的汉语方言有声数据库[2]，台湾政治大学的国语（普通话）、客家话、闽南话的汉语口语语料库，语言研究所的"新世纪语料库——多媒体的呈现与典藏"。科大讯飞公司开发了普通话和部分汉语方言音库和市场产品[3]。国家语言文字工作委员会 2015 年启动了国家语言保护工程，用多媒体手段记录我国全部语言和方言。这些对语言教学研究、语言保护和利用、语言信息化起到了积极作用。

---

[1] 语料库网站：http://www.blcu.edu.cn/yys/index.htm
[2] 江苏语言文字网：http://yyzy.jsjyt.edu.cn/
[3] 科大讯飞公司网站：http://www.iflytek.com/

自从数字音像记录设备普及以来，语言研究者和工作者开展了大量的田野调查，采录了数量可观的多媒体语料。但这些数字多媒体语料分散在个人手中，少有集成加工和组建语料库，无法共享利用，过了三五年很可能被损坏或废弃。这不仅是巨大的资源浪费，也造成了大量重复劳动。这种状况的原因，主观上是语料采录和持有者的资源共享观念淡薄，客观上则是缺乏语料技术处理的基础知识和基本技能。因此，无论是语言研究人员还是语言学教师或学生，或者社会的语文工作者或志愿者，在语言通信高度发达，多媒体应用非常广泛的今天，掌握多媒体语料的基本知识和语料加工处理技能，是十分必要的。

第一章 数字录音机的操作

第一节 数字录音机的录音操作

多媒体语料指词语发音和自然话语的数字音视频资料。音频资料是多媒体语料的主体。录音可用数字录音机,也可用麦克风、声卡和电脑软件组合。根据语料类别和质量要求的不同,有的语料须在专用录音室录制,有的语料应在语言社区实地采录。野外录音常用数字录音机。数字录音机的功能和操作大同小异,本节以 ZOOM H4n 型号为例,学习录音机的功能和操作。

一、录音操作步骤

ZOOM 录音的样式如图 1–1 所示。下面介绍 ZOOM 录音机的录音操作步骤。

准备器件: ZOOM H4n 录音机、遥控器、AA 电池、耳机、支杆、桌面圆底支架、风罩。

——打开录音机后盖,安装 AA 电池。

——插上耳机、遥控器,再安装录音机支杆,将录音机安在支架上。

——旋动拾音头至 90°,朝向说话人,拾音头与说话人嘴巴的距离为 10~25 cm。

——拨动机身左侧的电源开关,开启电源,屏幕上方 STEREO(立体声模式)红灯亮。

——按机身右侧的 MENU(菜单键),屏幕进入菜单列表,拨动菜单键上方的齿轮,选中 REC(录音),按下齿轮,进入 REC SETTING(录音设置)页面,有 4 个选项:

REC FORMAT(录音格式)

AUTO REC(自动录音)

PRE REC(预录音)

FILE NAME(文件命名)

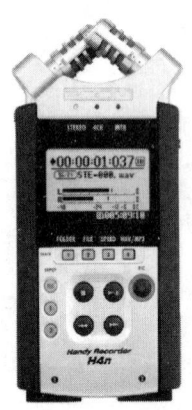

图 1–1

——拨动齿轮,选中 REC FORMAT,按下齿轮进入录音模式列表,上面列出了多个录音采样率/位精度格式。

——拨动齿轮,选中 wav 44.1 kHz/16 bit,这是录制 wav 音频文件的最低参数格式。

——按下齿轮，确认选择的参数，回到 REC SETTING（录音设置）菜单。

——AUTO REC，建议选择 OFF，关闭这项功能。

——PRE REC，建议选择 ON，启用这项功能。

——FILE NAME，建议选择 DATE，用日期命名录音文件。

——按下 MENU 菜单键，返回屏幕首页。

——按下机身正面红色录音键 REC，录音键红灯闪烁，进入录音待命状态。

——按机身右侧 REC LEVEL（录音电平键），调节录音音量，按"+"增强加录音信号，屏幕显示信号电平值，最大值为 100。让说话人说话，一边监听，一边按"+""–"调节录音音量至合适的电平值，通常在 85 ~ 93 范围即可。

——按机身左侧的 VOL（输出音量）键，将耳机的音量调至合适大小。

——再按下 REC（录音键），红灯亮，停止闪烁，开始录音。

——录下一段话语，按停止键 ■，停止录音。

——按播放键 ▶，监听录音效果。

录音机底部有两个麦克风插口，分别是卡农口和同轴口的组合插口。如用外接麦克风录音，请将麦克风线缆的卡农头或同轴，插入机身底部的麦克风插口，再按下机身正面红灯下的麦克风插口的编号 ❶ 或 ❷ 按键。

二、注意事项

用 ZOOM 录音机录音，除配上支杆外，还应配备麦克风小支架，以便灵活调整录音机的高低、方向和角度。

录音机最好使用电池供电，避免交流电滤波不良或电流不稳定而产生低频噪声。

录音时建议使用遥控器控制录音，避免直接在录音机上多次按键，录下按键声。

在空调房或室外录音，拾音头应套上防风罩，以减少微风噪声。热天或冬天在空调房间录音，应先打开空调使室内达到合适温度，然后关掉空调，再进行录音。中间休息时，再打开空调，调节室内温度，这样可以避免空调噪声。

第二节　录音模式和菜单功能

一、录音模式

ZOOM 录音机有四种录音模式：立体声模式（STEREO）、省电模式（STAMINA）、四声道模式（4CH）、混轨模式（MTR）。开机默认的是立体声模式。省电模式开关在录音机背部电池盒里。

1. 立体声模式

在立体声模式下，可以用录音机内置的 XY 拾音头录音，也可以外接麦克风录音，录制的都是立体声。外接麦克风录音，应使用平衡线缆。

通常的室内座谈、聊天、小型会议发言、个人报告，几个人室外站着聊天，可直接使用录音机内置的 XY 拾音头，启用立体声模式录音。录音时，将拾音头旋至 90°即可。如有多位说话人并排站立或围坐，则可调到 120°广角。

2. 省电模式

省电模式也是立体声模式，但只能录制 44.1 kHz/16 bit 的 wav 或 mp3 音频文件。在省电模式下，两节电池最长可录 11 个小时。语言田野调查中的野外实地录音，可启用省电模式，录制 wav 音频文件。

3. 四声道模式

四声道模式可同时启用两个内置拾音头和两个外接麦克风进行录音，录制两个立体声信号。表演、大会、集体劳动、民俗活动以及其他多人活动场面，可以采用这种模式。例如，录制演唱活动，可用录音机内置的两个拾音头朝向合唱群众，用一个外接麦克风指向领唱歌手，另一个外接麦克风指向乐队。

4. 混轨模式

这种模式用于混音，即一边录音，同时启用背景音乐配音，演唱和配音同步合成。

二、菜单功能

机身右侧有两个重要按键：菜单键 MENU 和齿轮。它们的作用是：①菜单键：第一次按菜单键，进入菜单列表。第二次按菜单键，返回上级菜单。②齿轮：滚动齿轮，在列表中搜索选项。按下齿轮，进入下级选项列表，或确认选项。

ZOOM H4n 主菜单包括以下菜单项。

1. FOLDER（文件夹）

文件夹用来存放录音文件。在立体声、四声道、省电模式下，录音机自动将录音文件保存在各自的 FOLDER01、FOLDER02、FOLDER03 等 10 个文件夹里。按下录音机面板的 FOLDER 按钮，可查找文件夹和文件。

2. FILE（文件）

按 FILE 菜单，可进入录音文件列表。选中一个录音文件，按下齿轮，可对录音文件进行以下各种操作。

【SELECT】（选中），按下齿轮选中此项，回到主页面。屏幕上显示这个录音文件的信息。按播放键可以播放这个录音文件。

【INFORMATION】（文件信息），按下齿轮选中此项，屏幕上列出当前音频文件的文件名、录音日期、录音格式、字节大小、时长等信息。

【RENAME】（文件重命名），按下齿轮选中此项，给当前音频文件重命名，这时可按下和拨动齿轮，更改文件名的数字和字母。

【MP3 ENCODE】（MP3 解码），如果当前录音文件是 wav 格式，可转换为 mp3 格式。这个选项只对 wav 文件有效。

【NORMALIZE】（音频规整），可以自动调整当前 wav 文件的音量，增强音质和保真。这个选项只对 wav 文件有效。

【DIVIDE】（文件切分），按下齿轮选中此项，可将当前音频文件切分为几个音频文件。在切分状态下，按快进键 ▶▶ 或快退键 ◀◀ 移动切分点，按录音键 ● 确认切分。

【MOVE】（移动文件），将录音文件移到其他文件夹。

【DELETE】（删除），删除当前选中的音频文件。

【DELETE ALL】（删除所有），删除当前文件夹的所有音频文件。

【MARK LIST】（标记列表），按下齿轮选中此项，可查看长时音频文件中设置的分段标记。这个选项只对 wav 文件有效。

3. INPUT（输入设置）

这个菜单项主要对麦克风的输入信号或线路输入信号进行设置。包括以下各项。

【LO CUT】（高通滤波），也叫低频降噪。按下齿轮进入下级选项：MIC 和 INPUT，前者表示麦克风输入信号，后者表示线路输入信号。用麦克风录音，选 MIC；用线路输入录音，则选 INPUT。按下齿轮，进入频段列表，最低频段为 80 Hz，最高频段为 237 Hz。选择滤波频段，应考虑说话人的嗓音状况，以及现场噪声状况。例如，说话人嗓音总体偏低，选择滤波频率就不宜偏高。通常应从最低频率试着开始，切勿一开始就设置最高值。

如果录音环境很安静，例如在录音室录音，则没有必要低频降噪。这时可按下 OFF 键，关掉低频降噪。

【COMP/LIMIT】（压限幅），对输入信号的瞬间高电平进行减弱和压幅。同样根据麦克风输入和线路输入。压幅、限幅各三个选项。

COMP1（GENERAL）为通常的标准设置。

COMP2（VOCAL）针对人声设置，当人声输入信号超过预设值 6 dB 时，系统会自动用新值调整。

　　COMP3（DRUM）针对乐器设置。

　　LIMIT1（GENERAL）为通常的标准设置。

　　LIMIT2（CONCERT）针对音乐会设置。

　　LIMIT3（STUDIO）针对录音棚设置。

　　【MONITOR】（监听），录音时是否戴耳机监听，ON 开启监听，OFF 关闭监听。

　　【LEVEL AUTO】（电平自动调整），录音时系统根据输入信号进行自动调整大小。

　　【MONO MIX】（单混），将输入信号的双声道混合为单声道输入信号。

　　【MS MATRIX】（中/侧立体矩阵转换），将来自中间的声源信号和来自一侧的声源信号转换为左右两个声道的信号。

　　【PHANTOM】（幻象电源），也叫偏置电压。如果外接电容麦克风，而且麦克风没有自带电池，则应启用幻象供电，将开关设置为 ON，大多数电容麦克风用 48 V 幻象供电。

　　4. REC（录音设置）

　　这个菜单主要设置录音格式、录音文件命名方式、预录音、自动录音。

　　【REC FORMAT】（录音格式），按下齿轮选中此项，进入 wav 和 mp3 格式的采样率和位精度列表。录音建议使用 wav 音频格式，采样率/位精度选 44.1 kHz/16 bit 或 44.1 kHz/32 bit 即可。

　　【AUTO REC】（自动录音），预先设定一个起始声音信号电平值（START LVL），当外界声音信号电平达到预设值时，录音机自动开启录音；当声音信号低于设定值时，录音机将自动停止录音。也可以预先设置一个停止录音的电平值（STOP LVL），但外界声音信号小于这个值时，录音机自动停止录音。通常情况下，建议设置为 OFF，关闭自动录音功能。例如，录制自由谈话时，说话人情绪变化，有时可能低声自言自语，如果设置自动录音，则很可能导致录音机在说话人低声自言自语时停止工作。

　　【PRE REC】（预录音），设置 ON 开启预录音，当按下录音键时，录音机自动录下按键之前 2 秒的声音。开启这个功能的好处是，有时说话人刚开始说话才按录音键，不至于错过按键前的话语。

　　【FILE NAME】（文件命名），设置音频文件的命名格式。ZOOM 有两种文件名格式。

　　一是缺省格式（default），录音机自动用"录音模式－编号"命名。例如，STE-001 表示立体声模式录制的第一个音频文件。

二是日期格式（date），用"年月日 – 编号"命名。例如，"121223-001.wav"表示 2012 年 12 月 23 日录制的第一个文件。

5. TOOL（工具）

提供一些常用的电子音乐制作工具。调音器（Tuner）用于各种乐器输入的调音，节拍器（Metronomic）为音乐设置节拍效果。循环（AB Repeat）用于设置音频循环播放。速度（Speed）用于设置播放速度。内存录音（Memory Rec）启用录音机内存保存和备份录音。

6. PLAY MODE（播放模式）

设置播放单个文件和全部文件、重复播放等。

7. SYSTEM（系统设置）

设置系统日期和时间，对比度、屏幕背景灯，电池类别，恢复出厂设置，软件版本信息，等等。

8. SD CARD（存储卡）

包括：查看存储卡剩余空间（REMAIN），格式化存储卡（FORMAT）。

9. USB（接口）

有两个选项：存储（Storage）、音频接口（Audio I/F）。选择 Storage，将录音机作为 USB 使用，这时可以连接 USB 线，将录音文件上传到电脑。选择 Audio I/F 功能，将录音机作为外置声卡使用，这时可以在麦克风插口外接麦克风，在录音机的 USB 插口插入 USB 线，另一端插入电脑的 USB 插口，使用电脑中安装的录音软件进行录音。

10. MODE（模式）

菜单只列出前面提到的 4 种录音模式的 3 种：STEREO（立体声）、4CH（四声道）、MTR（混轨）。省电模式开关应打开机身背面的电池盒来设置。

思考与练习

1. 用数字录音机分别在室内录制一段 2~3 分钟的话语，在室外录制一段街头采访话语。

2. 用数字录音机作为外置声卡，外接电脑和录音麦克风，用 Audacity 软件录制一段话语。

3. 用数字录音机录制自由谈话时，为什么建议关闭自动录音？

第二章　音频编辑软件 Audacity

　　Audacity 是一款优秀的免费、开源、跨平台的音频编辑软件，本章学习的版本是 Audacity 2.1.0，可从网站（http://www.audacityteam.org/download/）下载和更新。本书使用 Audacity for Windows 版本。Audacity 需要 Lame 解码器支持 mp3 音频解码。安装 Audacity 之后，还应安装 Lame 音频解码器，该软件也可在开源社区免费下载。Audacity 可用来录音、编辑音频、制作电子音乐。本章主要学习多媒体语料采录和编辑要用到的基本功能。

第一节　测定环境噪声和人声

　　采集和录制语言样本，应先了解录音场所的噪声状况，确定该场所是否适合录音，以及是否需要采取措施减少噪声源。Audacity 软件可用来检测环境噪声。检测前，应准备一台安装了 Audacity 的笔记本电脑、一个录音麦克风、USB 外置声卡、监听耳机。具体操作如下。

　　第一步：连接设备。

　　将麦克风、USB 外置声卡、监听耳机连接，开启声卡幻象电源，将声卡与电脑连接。

　　第二步：设置录音设备。

　　——在电脑屏幕右下角喇叭上按鼠标右键菜单"录音设备"。

　　——在弹出窗口的设备列表中，选中外置声卡型号。

　　——按鼠标右键菜单"启用"。

　　——选中设备，点击"属性 > 级别"。

　　——将麦克风加强设为较小分贝值（+24 dB）；"麦克风"设为 75 左右。

　　第三步：检测环境噪声。

　　——运行 Audacity，单击主菜单"编辑 > 首选项 > 界面"。

　　——在"指示表 / 波形 dB 范围（R）"下拉选项中选择一个 dB（分贝）值。

　　Ⅰ类录音场所，如录音棚、播音室，可选 "-96 dB（PCM 16 bit 采样范围）"。

　　Ⅱ类和其他场所，如宾馆和普通房间，可选 "-60 dB（PCM 10 bit 采样范围）"。

　　——在没有人为声音的状态下，点击工具栏电平标尺的任意处，软件开始检测环境噪声。注意观察麦克风输入信号绿色电平指示条的变化，如图 2-1 所示。

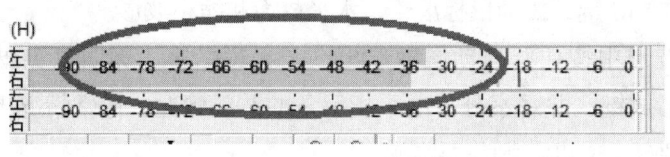

图 2-1

——不同的室内环境，噪声参考指标如下：

Ⅰ类环境，<-69 dB；Ⅱ类环境，<-51 dB；Ⅲ类环境，<-45 dB。

第四步：检测说话人音量。

——对着麦克风说话，绿色电平指示条波动范围小于 –18 dB，表明说话人音量偏小；高于 –3 dB，甚至超过 0 dB，表示音量偏大。说话人声音一般在 –18 ~ –6 dB 之间比较合适。

——说话人嘴巴与麦克风的距离应保持在 15 ~ 20 cm 之内，最大距离不超过 25 cm。

——首先调整麦克风的朝向、距离和位置，再次让说话人说话，测定说话人的常态音量。

第二节　音频降噪和杂音剪除

一、音频降噪处理

数字录音机都有低频降噪功能。有的录音麦克风也自带了低频降噪功能。录音时，根据现场噪声状况，开启录音机或麦克风的降噪功能，能有效地保证录音质量。

本节介绍如何对已经录制的音频文件进行降噪处理。音频文件的降噪，通常是为了制作特殊音效，或因录音时无法控制噪声而必须事后降噪。需要强调的是，务必在录音时控制噪声，而不是事后降噪，事后降噪是不得已而为之。

通常而言，言语录音资料至少要能够满足学习者听音和复读的需要，录音应做到清晰可辨。如果音频文件的背景噪声超过 –50 dB，甚至到 –48 dB，则表明噪声偏高，这时应在保证人声不失真的情况下，进行适当的低频降噪处理。人声不失真是指经降噪处理以后的声音没有发生畸变，听起来还是同一个人的声音。下面介绍 Audacity 音频降噪操作。

第一步：检测音频文件的噪声是否超标。

——将音频文件拖入 Audacity 窗口。

——按住 Ctrl 键，拨动鼠标滚轮，水平放大和缩小波形。

——在波形中按住并拖动鼠标选出一个无说话声、无明显突出波线的噪声段。——按播放键，并观察分贝电平指示条的波动状况。通常情况下，电平活动指示条向右超过 –50 dB，则需要降噪。

第二步：噪声采样和降噪。

（1）整个录音文件的降噪。

——在背景噪声中按住并拖动鼠标，选出小段噪声样本；再单击主菜单"效果＞降噪＞取得噪声特征"，如图 2-2 所示。

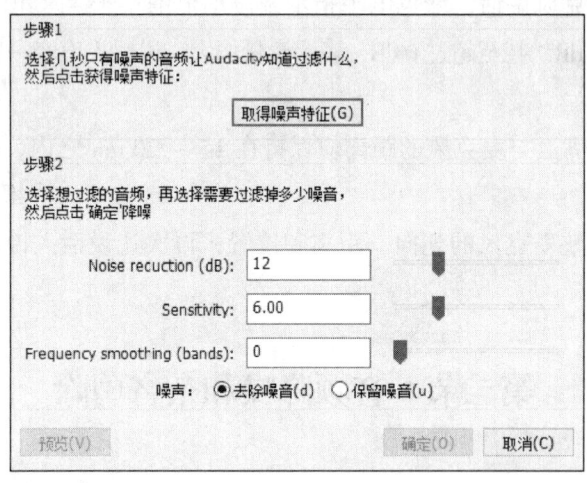

图 2-2

——回到主界面，鼠标点击波形窗任意处，单击主菜单"效果＞降噪"，弹出如图 2-2 所示的窗口。

——"步骤 2"的参数保持缺省参数不变。按"确定"，完成整个音频文件降噪。

（2）部分音段降噪。

——在背景噪声中按住并拖动鼠标，选出小段噪声样本；再单击主菜单"效果＞降噪＞取得噪声特征"，见图 2-2。

——回到主界面，拖动鼠标，选中需要降噪的那部分音段。

——单击主菜单"效果＞降噪"，再次弹出如图 2-2 所示的窗口。

——"步骤 2"的参数保持缺省参数不变。按"确定"，完成部分音段降噪。

第三步：检测声音是否失真。

——按播放键，播放经过降噪处理的音段，仔细听辨人声是否有畸变。

——如果说话人声音听起来变形失真，则应撤销降噪；单击主菜单"编辑＞

撤销降噪"。

——导出音频。经过降噪后，声音变得纯净且人声没有畸变，则单击主菜单"文件 > 导出音频"，文件类型选"wav"，按"保存"。

二、剪除杂音和过长静音

剪辑录音文件时，应先剪除其中突出的、无用的杂声以及过长的空白静音，然后再降噪处理。剪除杂音和静音的操作和一般文字处理软件的剪切、删除一样。具体操作如下。

——将音频文件拖入 Audacity 界面。如果波形背景噪声显示为一条直线，不便查看噪声强度，这时应调整波形显示方式。

——单击轨道左侧"音轨 ▼"命令菜单"波形（dB）（W）"，放大波形背景噪声，如图 2-3 所示。

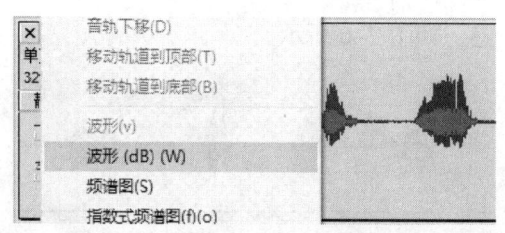

图 2-3

——按住并拖动鼠标，选出背景噪声的某个杂音段（图 2-4），单击主菜单"编辑 > 删除"，或直接按 Delete 键，删除这个突出的杂音段。

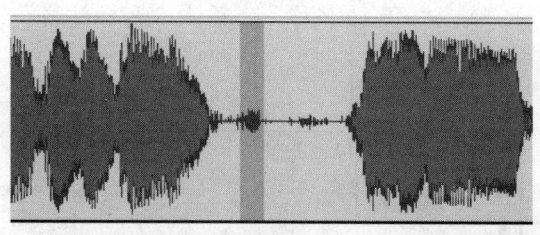

图 2-4

第三节　创建文字标签

Audacity 通过标签（也叫标记）轨道来添加字幕。字幕可单独存为 txt 文件，里面记录每个标签的起始时间、结束时间和文字。一个录音轨可以有多个对应的标签轨。用 Audacity 创建标签轨，录入转写标注文本，是一种简便的多媒体转写标注方法。

一、创建文字标签轨道

——将录音拖入界面，在波形中按住鼠标拖选一个音段。再单击"轨道 > 为选取添加标记（S）"，或按"Ctrl+B"快捷键，在音轨下方新建一个标记轨，并创建一个空白格，如图2-5所示。

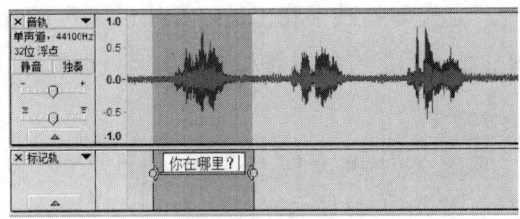

图2-5

——在空白格里输入转写文字"你在哪里？"，按回车键确定。依次操作，录入其他音段文字标签，如图2-6所示。

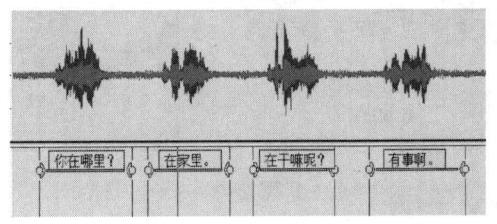

图2-6

——单击主菜单"轨道 > 添加新轨道 > 标记轨"，在下面添加一个新轨道。再单击轨道左侧"标记轨 ▼ > 更改名称"，输入"音标注音"，将新轨更名"音标注音"，如图2-7所示。

图2-7

——在音标注音轨中，对准上面文字标签轨第一句话左边线，拖动鼠标选中该段文字标签，两边出现黄线边界线。

——单击主菜单"轨道 > 为选取添加标记（S）"，或按"Ctrl+B"快捷键，即在音标注音轨创建一个空白条格，录入音标，按回车键确定，如图2-8所示。依次操作，录入其他音段的音标符号。

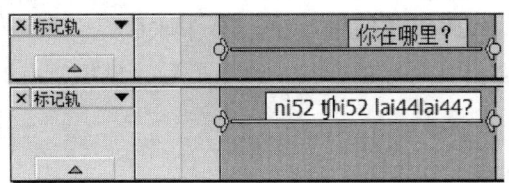

图 2-8

——单击主菜单"文件 > 导出标记",将标签文件另存为 txt 文件。打开这个文件,内容如下。

0.383129	1.718277	你在哪里?
1.950476	3.134694	在家里。
3.471383	4.643991	在干嘛呢?
5.143220	6.536417	有事啊。
0.383129	1.718277	ni52 tɕʰi52 lai44lai44?
1.950476	3.134694	tɕʰi52 uo21lei21.
3.471383	4.643991	tɕʰi52 kao52 ma44ke21?
5.143220	6.536417	hei52sɿ24 ma21.

标记文本的排列格式是:先按轨道排列,每轨之内从上到下按时段排列;排完第一个轨道,再排第二个轨道的内容。这种格式容易转换为表格,也容易转换为转写软件的文本格式。第三章的 EXMARaLDA PE 转写软件就可直接导入 Audacity 标签文件。第四章的 ELAN 软件也可以输出带 TAB 制表符的文本,内容编排与 Audacity 标签文本相同。Audacity 通过标签文件实现与其他软件的数据互用。

二、导出标签碎片音频

有了标签,就能根据时间信息将录音切分成碎片音频文件,用标签命名。操作如下。

——单击主菜单"文件 > 导出多个文件",弹出设置窗口,设置如图 2-9 所示。

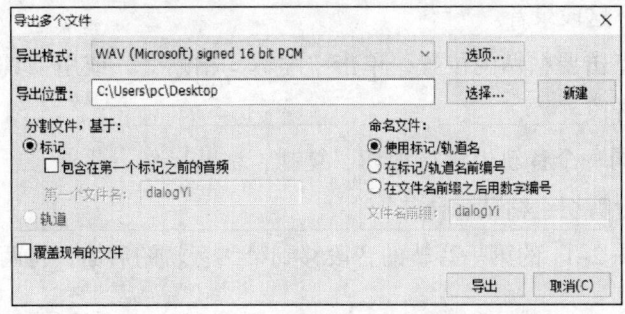

图 2-9

——按"导出",弹出元信息面板,按"确定",切出第一个标签音段。每按一次"确定",切出一个标签音段,直至最后,显示所有标签音频文件列表,如图 2-10 所示。

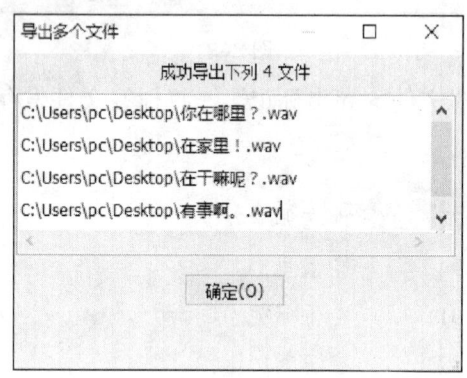

图 2-10

——按"确定",成功导出标签碎片音频文件。系统默认用第一个标签轨的标签命名导出的音频文件。要导出其他标签轨命名的音频文件,单击轨道左侧 ▼ 下拉菜单音轨上移、音轨下移,将该轨道排序放在最上面。

第四节　音频剪辑和格式转换

语言录音资料应尽量保存发音人和说话人的语音原貌,一般不允许对录音文件进行特效处理。本节只学习一些基本的音频剪辑操作,如剪切、复制、粘贴、移动等,不涉及制作和生成声音效果。

一、剪切、复制、粘贴、移动

声音的剪切、复制、粘贴和普通的文字处理软件的操作类似。

——在音轨上选中一个音段,单击主菜单"编辑 > 剪切",或用工具栏的"剪切"按键,剪下这段录音。

——鼠标点击要粘贴的位置,单击"编辑 > 粘贴",或用工具栏"粘贴"按钮,即可粘贴音段。

以上是在同一个音轨上进行剪切、复制、粘贴操作。此外,还可以将几个音轨上的音段进行剪切、粘贴、合并。

例如,将图 2-11 的第一音轨的音段移到第二音轨的后面,将两个音轨合并为一个音轨。

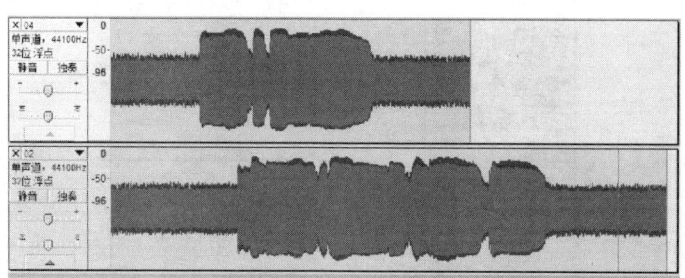

图 2-11

——选取工具栏的时间移动工具 ↔ 。

——用鼠标按住第二音轨的波形,往右移动一段距离,与第一音轨的末尾对齐,如图 2-12 所示。

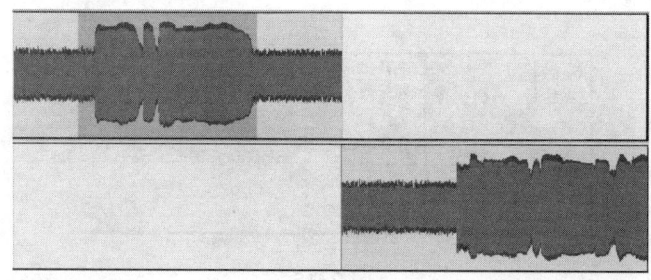

图 2-12

——鼠标按住第一音轨,将它拖到第二轨道的空白处,如图 2-13 所示。

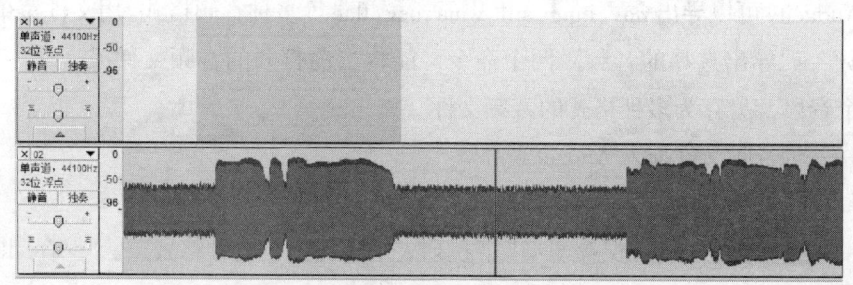

图 2-13

——点击第一音轨左侧的"关闭"按钮,关闭空白的第一音轨。

——点主菜单"文件>导出音频",将合并后的音频文件保存。

二、声道转换和音频格式转换

1. 将一个立体声转换为单声道声音

——将立体声拖入 Audacity 窗口,如图 2-14 所示。

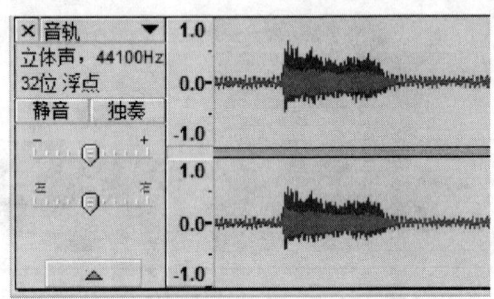

图 2-14

——鼠标单击音轨左侧外空白处,选中立体声音轨。

——按主菜单"轨道 > 立体声音轨到单声道",将立体声合并为单声道,如图 2-15 所示。

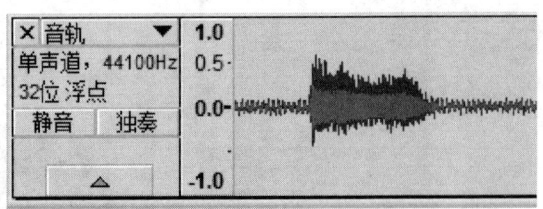

图 2-15

2. 音频格式转换

Audacity 可以导出 wav、mp3、aiff、wma、ogg、flac 等多种音频格式。用文件菜单"导出音频""导出选择的音频"两个命令,能将当前打开的音频文件或文件中选中的某个音段,另存为多种格式的音频文件。

——将音频文件拖入 Audacity 窗口。

——单击主菜单"文件 > 导出音频"。

——在弹出窗口的"保存类型"下拉列表中选择一个音频格式,按"保存"即可。

——按住鼠标在波形窗口中拖选一个音段。

——单击主菜单"文件 > 导出选择的音频"。

——在弹出窗口的"保存类型"下拉列表中选择一个音频格式,按"保存",将这个音段单独保存为一个音频文件。

思考与练习

1. 用 Audacity 将 "我，他，你，这里，那里，哪里，什么，事"，"是，在，有，要，不，做，没"，"来，去，走，到，想，吃" 分别录成 3 个 wav 文件，并导出单声道 mp3 文件。

2. 利用上面 3 个 wav 文件，剪辑拼合成 4 个句子，并加上文字标签，合成 1 个文件导出。

3. 用录音机录制 5～8 分钟的室外情景对话，要求人声不低于 −20 dB，不高于 −9 dB，背景噪声不高于 −40 dB，并做如下剪辑处理。

（1）剪除与话语情景无关的偶发性噪声，导出 wav 文件。

（2）添加文字标签，导出标签文件。

第三章 语料转写软件 EXMARaLDA PE

EXMARaLDA 是德国语言研究院洪堡特语料库中心研发的免费、开源的多模态转写软件套件，由 Partitur-Editor（简称 EXMARaLDA PE）、Coma、EXAKT 3 个工具组成。EXMARaLDA PE 是转写标注工具，Coma 是语料库管理工具，EXAKT 是语料库搜索工具。学习语料库技术，掌握转写工具是基础。语料只有经过转写，才能组织语料库，用于相关研究和应用。本章重点学习 EXMARaLDA PE 软件，同时也简要介绍 Coma 和 EXAKT。

第一节 下载和安装 EXMARaLDA 及其他程序

一、下载和安装 EXMARaLDA 程序

打开 EXMARaLDA 官方网站（www.exmaralda.org），主菜单 DOWNLOADS 提供两个下载版本：Preview Version 是提前试用版，Release Version 是正式发布版。任选一个版本，例如选 Preview Version 提前试用版，进入下载页面，如图 3–1 所示。

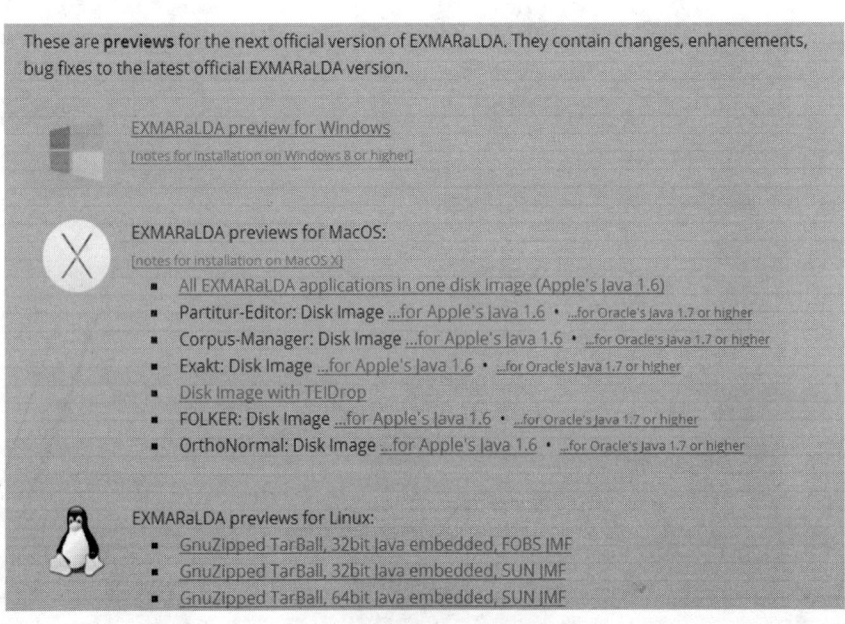

图 3–1

有 Windows、MacOS、Linux 3 个版本可选，用户可根据电脑操作系统下载相应版本。例如选 EXMARaLDA preview for Windows 下载 Windows 版本"pre_EXMARaLDA_setup.exe"程序。下载完毕，双击"pre_EXMARaLDA_setup.exe"，按提示进行安装。安装成功后，桌面出现 Partitur-Editor、Coma、EXAKT 3 个图标（图 3-2）。

图 3-2

二、下载和安装 JRE

EXMARaLDA 需要 Java 运行时环境（Java Runtime Environment，JRE）才能运行。如果电脑上没有安装 JRE，双击 PE 程序图标后，会弹出没有安装 JRE 的提示信息。读音可以在 Java 官方网站（http://java.com/en/download/manual.jsp），根据电脑操作系统下载相应 JRE 版本。例如选中 Windows 版本（图 3-3），页面有 3 个下载链接：在线版（Windows Online），离线版（Windows Offline），64 位离线版［Windows Offline（64-bit）］。建议下载离线版。

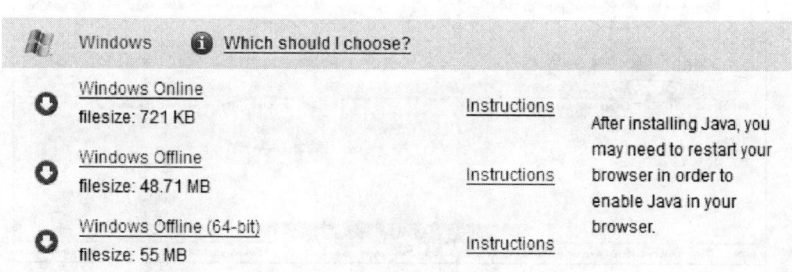

图 3-3

三、下载演示语料库

从官网主菜单"CORPORA/USERS>EXMARaLDA demo corpus"进入演示语料库页面，如图 3-4 所示。

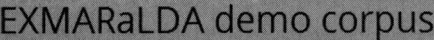

图 3-4

第二节 EXMARaLDA PE 的操作界面

EXMARaLDA PE 支持 wav、mp3、mp4、mpg、avi、aif、divx、wmv、ogg 等媒体文件。要显示声音波形图，音频必须是 wav 格式。下面用演示语料库介绍 EXMARaLDA PE 界面，界面中的菜单为已汉化。

打开演示语料库任意一个文件夹，如 Beckhams，里面有 4 个文件：1 个 mp3 音频文件，1 个 wav 音频文件①，1 个后缀为 exb 的转写文件，1 个后缀为 exs 的样式文件。

——双击转写文件"Beckhams.exb"，自动运行程序，进入主界面（图 3-5），或先打开 PE 程序，再用主菜单命令"文件 > 打开"打开"Beckhams.exb"转写文件。

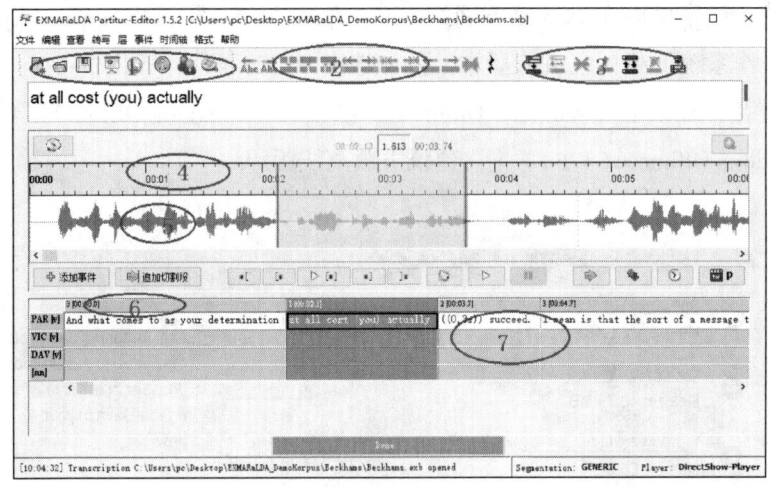

图 3-5

界面说明：

1. 文件操作工具

---

① 官方网站的演示语料库没有 wav 文件。为便于学习，本书配套光盘增加了 1 个 wav 文件。

新建文件：新建一个转写文件，后缀为 exb。
打开文件：打开一个后缀为 exb 的转写文件。
保存文件：保存当前的转写文件。
输出：将当前打开的转写文件的内容输出为各种可视化页面。
在浏览器中显示转写层文本：将当前的层结构文本在浏览器中显示出来。
元信息：打开元数据信息编辑窗，对元数据进行编辑。
说话人：打开说话人登记表，对说话人信息进行编辑。
录音文件：导入当前转写文件相对应的音频或视频文件。

2. 事件操作工具

点击文本编辑区任意一个有文字或没有文字的长条格，激活工具。
文字左移：将任意条格的文字移到左边的条格里。
文字右移：将任意条格的文字移到右边的条格里。
事件合并：将任意两个相邻的条格合并为一个条格。
事件拆分：将任意一个条格拆分为两个条格。
一拆三：将任意一个条格拆分为三个条格。
事件左扩展：条格原本占据时间轴一个格，左扩展即在时间轴上向左增加一个条格。
事件右扩展：条格在时间轴上向右增加一个条格。
事件左缩进：条格左边在时间轴上缩进一个条格。
事件右缩进：条格右边在时间轴上缩进一个条格。
事件左移：将当前选中条格向左移动一格。
事件右移：将当前选中条格向右移动一格。
删除事件：将当前选中条格删除。
插入停顿：在当前位置插入一个停顿的条格。

3. 层操作工具

点击文本编辑区任意一行的层名，激活工具。
添加层：在转写编辑区中添加一个新的层。
插入层：在转写编辑区的任意层的上或下插入一个新的层。
删除层：将当前选中的层删除。
层排序上移：将当前选中层排序上移。

更改层排序：打开层排序窗口，调整全部层排序。

隐藏层：隐藏当前选中的层。

显示层：显示隐藏的层。

4. 时间标尺

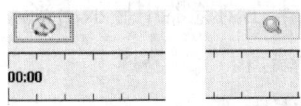

显示录音的时长。

录音导航：打开导航窗，输入时间点，可以在录音文件中找到相应时间点的音段。

缩放按钮：激活缩放窗口，移动时间标尺栅，可水平调整时间标尺的比例。

5. 声音信号波形

按 Ctrl 键的同时转动鼠标滚轮，横向放大/缩小波形。

同时按 Ctrl、Shift 键，转动鼠标滚轮，纵向放大/缩小波形。

6. 时间轴

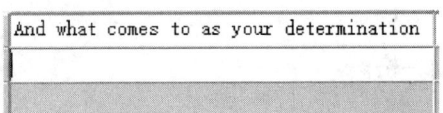

文字条格上面的灰色长条格是时间轴。每个时间段从左到右从 0 开始编号，方括号中记录该时段的起始时间。

7. 转写录入区

点击灰色条格，即变成白色空白条格，在条格里录入转写标注文本。

第三节 EXMARaLDA PE 的重要概念

一、时间轴/时间线（timeline）

时间点序列标尺，用来标记音频和视频的时长，对音段或视频段按时间点进行定位。计时单位是：分:秒.毫秒。例如：2:20.03 表示 2 分 20.03 秒。

转写录音或录像资料，需按语调单位或更小的语言单位，例如字、词，将声音分割为一个个的音段，这些音段称为切分段（segment）。切分段在时间轴上对应一个个的小时段。切分段是长还是短，主要看话语切分的精细程度。

二、事件（event）

事件是基本转写单位，它指记录下来的言语或言语行为现象。转写编辑器中用来录入文字符号的条格称为"事件"，条格里的文字符号是事件值。无文字符号的条格是空事件。每个事件里都记录了言语或非言语现象，每个事件在时间轴上都有对应的时段。

三、层/轨（tier）

层也叫轨，是一系列有共同属性的事件集合。转写编辑器的一行就是一层，时间上可无限延伸。不同的层用来记录不同的内容。例如，有的层记录张三的话语，有的层记录李四的话语，有的层记录话语读音，有的层记录说话动作。

每个层都有唯一的名称标识。EXMARaLDA PE 的层名标签用"说话人代号缩写+［范畴］"组成。例如：X［v］这个层名标识中，X 是说话人代号，v 是该层的内容范畴标签。这两部分都可以由用户自己定义。

四、层的类型和范畴（type and category）

1. 层的类型

PE 规定四类不同的层：转写层、标注层、描写层、链接层。此外，还允许用户自定义层类型。PE 还规定，每个说话人必须有而且只能有一个转写层，但可以有多个其他层。

转写（Transcription），代号 T，转写说话人言语。

标注（Annotation），代号 A，用于标注。标注是对转写的注释，包括：翻译、说明、语法分析、动作分析，等等。话语可以多角度地分析、注释和说明，因此一个转写层可以有几个标注层。如果标注层的某个事件在转写层中没有对应的事件，则说明标注错误。

描写（Description），代号 D，用来描写录音（或录像）的非言语部分，包括：笑声、哭声、哈欠声、动作声、手势、面部表情、背景噪声，等等。一位说话人可以有多个描写层。例如，一层记录表情，另一层记录体态。描写层的现象也可能不是说话人产生的，如雷声、雨声、鸡鸣狗叫声等，它可以不属于任何说话人，层名可以独立命名，不用说话人缩写。

链接（Link），事件链接网址或路径信息，如在线信息或其他多媒体文件。

用户定义（user defined），用户根据不同需要，自行定义一些专用类型的层。

2. 层的范畴

范畴是层的内容分类。PE 编辑器的层名方括号里的文字就是范畴标签。范畴名称应尽量简明，让人一看就知道这个层的用途。例如，Wang［IPA］，表示这个层用国际音标记录说话人 Wang 的话语；Wang［wordPTH］，表示这个层的用途是记录说话人 Wang 的话语的普通话逐词对译。

主菜单命令"层 > 层属性"，用来编辑层的类型和范畴（图 3-6）。

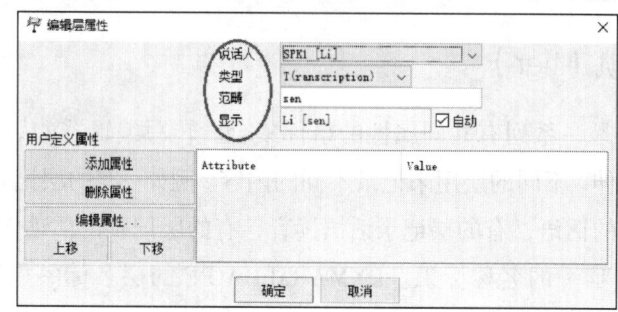

图 3-6

五、段链（segment chains）

段链也叫切分段链条，由若干相邻事件构成。段链在时间轴上有对应的若干相邻时段。段链事件通常是言语转写文本，因而可以将段链输出为各种版式的文本，如剧本格式。

六、音视频格式和播放器

录音通常要用 wav 格式，上传网络用 mp3 格式，其他高清视频应转换为 mp4 格式。Audacity 可输出多种音频格式，Format Factory（格式工厂）是免费的音频、视频、图片格式转换工具。为顺利播放媒体文件，建议先设置播放器。具体操作如下。

——双击运行 PE，单击主菜单 "编辑 > 偏好设置 > 媒体"，打开媒体设置面板（图 3-7）。PE 支持 4 种播放器：DirectShow-Player、JMF-Player、BAS-Audio-Player、JDS-Player。

——选择一个播放器。通常选 DirectShow-Player，Windows 操作系统建议安装 CCCP 解码器，避免音视频支持不畅。CCCP 下载地址：http://www.cccp-project.net。

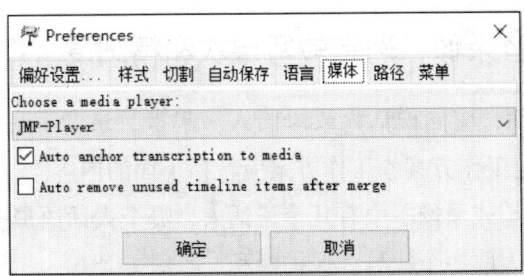

图 3-7

——单击主菜单"查看>音频/视频面板",激活播放器面板(图3-8)。
——勾选或去掉"☑最小化",展开和收缩播放器面板。

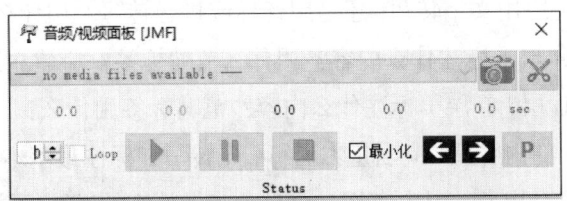

图 3-8

第四节　多媒体语料转写准备

多媒体语料转写是一项基本的口语语料加工处理工作,必须借助专用工具。国外这类软件较多,如 ANVIL、ELAN、EXMARaLDA、CLAN、EMU Speech tabase System、GTK、ikannotate、Mtrans、Praat、TASX Annotator、Transana、Transcriber、Transcriber AG、Xtrans 等,可选择其中一两个软件来学习。在转写开始之前,应充分做好准备工作。

一、准备音视频文件

wav 和 mp3 是通用的音频格式。如果只有 mp3 文件,可用转换软件生成一个 wav 文件。视频文件的通用格式是 mpg 和 mp4。索尼摄像机的 mts 格式和其他视频格式应转换为 mpg 或 mp4 格式。只有视频而无音频,还应从中分离一个同步的 wav 文件。转写视频资料应该有一个视频文件和一个同步的音频文件。用来转写的音频和视频文件,应当是剪除了无用噪声和静音的"干净"文件。媒体文件一旦导入转写软件并开始转写,就不能再做任何剪辑。

二、审听录音录像，确定转写层次和精细度

在转写标注之前，应同说话人或母语人一起审听录音、观看录像，弄清录音录像的内容，并制定工作方案。工作方案应包括下面的内容。

（1）言语录音（或录像）中有几个说话人，哪个人话语最多，哪个最少？

（2）每个说话人取一个代号，保护隐私。

（3）确定转写和标注的内容，包括以下方面。

a. 转写和标注应至少包含哪些内容项？

b. 每个说话人应建几个层？（说话多的可能要建立几个层）

c. 转写层（T层）用文字转写，还是用音标或拼音转写？用什么作为范畴标签？

d. 标注层（A层）标注什么内容？用什么范畴标签？应建立几个标注层？

e. 其他层（D层，L层）标注什么内容？范畴标签用什么？

确定转写标注的内容项，应当量力而行，先转写和标注最基本的、必需的内容，如果有足够的人力、物力、财力支持，再进一步做精细的转写标注。

中国语言的录音或录像资料，必须遵循最简转写标注原则。所谓最简转写标注，至少应包括下面4项中的3项。

（1）汉语方言字或民族文字转写。

（2）国际音标注音或拉丁字母拼音。

（3）普通话逐词对译。

（4）普通话逐句翻译。

汉语方言录音录像资料的最简转写标注，必须有（1）（2）（4）项。有传统文字的少数民族语言的转写标注，必须有（1）（3）（4）项；无传统文字的少数民族语言的转写标注，必须有（2）（3）（4）项。这是中国语言多媒体语料转写标注的基本要求。

三、明确转写规则

转写规则通常对口语现象、数据组织、编排格式、字符编码、转写符号进行了定义和规定。不同的语料库虽然有自己的转写规则，但大同小异。美国英语口语语料库的DT2，德国洪堡特语料库中心的GAT2，牛津大学出版社的国际英语语料库的VOICE，中国台湾语言研究所新世纪语料库的转记规则，都可以作为参照。转写之前应当明确是采用某个现有规则，还是自己制定一个新的规则。EXMARaLDA PE软件内置了GAT、HIAT、DIDA等转写规则。

2016年8月，国际标准化组织发布了ISO 24624-2016《语言资源管理——口

语转写》（Language resource management–Transcription of spoken language）[①]，该标准吸收了 DT、CHAT、GAT、HIAT 等转写规则，是第一个关于口语转写的国际标准。

四、转写员分工落实

一两个小时的录音或录像，通常一个人就可以独立完成。但对于大量的录音录像转写标注，例如录音时长达到 10 小时以上，则应当组织一个转写工作小组，进行分工完成。每位转写员应当熟悉工作方案和转写规则。可以先让每个转写员单独试转写 3~5 分钟的录音或录像，然后进行集中检查和讨论，事先发现问题，解决有关分歧，使得转写员对转写规则的理解和运用取得一致，从而确保转写标注的质量。

第五节 新建转写文件

> 本节重点掌握的菜单命令：
> 文件 > 从向导新建
> 文件 > 从说话人表新建
> 文件 > 从时间轴新建

已经有媒体文件，要对它进行转写标注，必须新建转写文件。PE 提供了 3 种新建转写文件的操作：①从向导新建，按软件提示一步一步操作。②从说话人表新建，先登记说话人代号缩写和相关信息。③从时间轴新建，先读入媒体文件，一边播放一边切分录音。

一、从说话人表新建

单击主菜单命令"文件 > 从说话人表新建"，系统弹出"从说话人表创建转写"窗口，用于填写说话人基本情况。其中，规定的属性是必填内容，包括：代号缩写、性别、语言情况。按"编辑语言"键，弹出世界语言代码列表，从中选择说话人经常使用的语言、母语、第二语言。如要记载说话人的其他情况，在"用户定义属性"下面按添加属性，例如，在 Attribute 列 new1 格子里填入"文化程度"，value 列里填入"小学"。依次操作，可添加多个属性。

[①] 网址：www.iso.org/obp/ui/#iso:std:iso:24624:ed-1:v1:en

如果不止一个说话人，则用左下角"添加说话人"按钮，添加其他说话人信息。

登记说话人信息后，系统自动创建一个空转写文件，没有链接录音。这是可用主菜单命令"转写 > 录音文件"，读入媒体文件。如果是 wav 音频文件，则页面显示波形；如果是 mp3 文件，则无法看到波形。

最后将转写文件保存。保存转写文件时，转写文件名应尽量和音频文件名一致，存放在同一目录路径。

二、从向导新建

用主菜单命令"文件 > 从向导新建"，创建转写文件操作。"从向导新建"分 4 个步骤完成：①元数据（Metadata）；②录音文件（Recordings）；③说话人（Speakers），④层（Tiers）。

实例 1 用录音文件 hackerNews.wav 从向导创建转写文件。

【分析】这是一则新闻。男女 2 个播音员，1 位新闻人物，其他为听众。总共定为 4 个说话人。按每人 3 层最简转写，共 12 层。说话人的中文和英文转写作为转写层（T 层），范畴标签用 text。

【操作要点】填写元数据，导入录音文件，填写说话人，定义层类型和范畴。

操作步骤：

第一步：填写元数据。

元数据信息包括：①项目名称，即开展这次田野调查录音的研究项目。本例填"无"。②转写文本名称，即录音内容标题。本例填写"世界黑客大会新闻"。③转写规则，即具体的录音转写采用哪些转写规则。本例填"无"。

第二步：导入录音文件。

软件可导入 wav、mp3 或其他媒体文件。本例选 Chapter3/Example01 文件夹中的"hachkerNews.wav"，按右边的第一个"Browse"按钮，导入录音文件。

第三步：填写说话人。

填写说话人的代号缩写。有几个说话人，则一并列出，用逗号分开。本例在空白框中填写 man，woman，officer，listeners 4 个说话人。

第四步：建立层。

这一步是关键。每个说话人必须有而且只能有一个转写层（即 T 类型的层），但可以有多个其他类型的层。T 层是核心。根据最简转写原则，至少应建 3 个层。软件已默认每个说话人有一个 T 层，因此先确定 T 层转写什么内容，并把范畴标签填入 Category for main transcription tier 后面的空格中。本例填 TXT，表示文字转写作为核心的 T 层。

确定 T 层范畴后，只需明确 T 层前面或后面添加几个标注层（A 层）或描写层（D 层）即可，如图 3-9 所示。

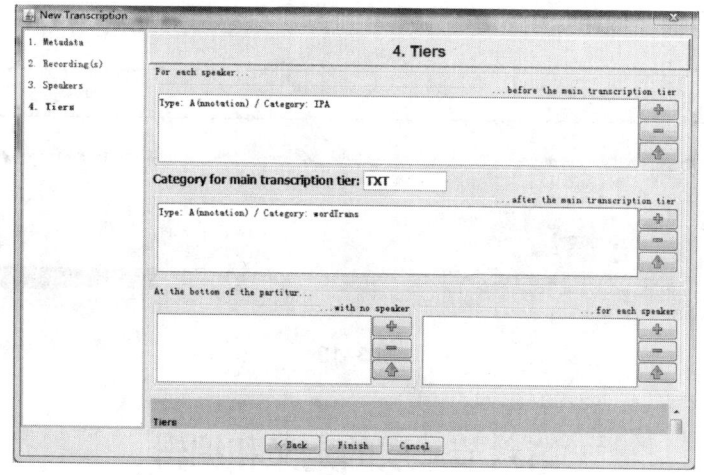

图 3-9

系统默认在 T 层前面和后面各添加一个标注层（Annotation），在 PE 编辑器底下添加描写层，空白框中还列出了缺省范畴名。如要添加按 ，删除按 ，排序按 。本例在主要转写层 TXT 前面添加一个 IPA 层，在后面添加一个 word Trans 层。IPA 层用音标转写话语，word Trans 层对话语逐词对译。

最后，按"Finish"按钮完成创建文件，如图 3-10 所示。

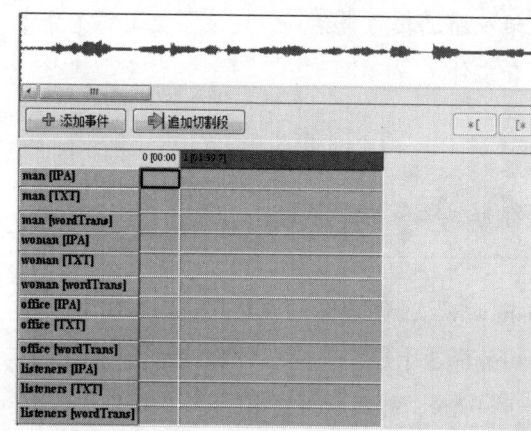

图 3-10

三、从时间轴新建

单击主菜单命令"文件 > 从时间轴新建"，系统首先要求读入媒体文件，然后一边播放录音，一边按空格键分出话语单位。因此，创建转写文件之前就应审听录音，弄清何处断句。

本例读入音频文件"hackerNews.wav"后，系统进入实时切分录音时段页面，如图 3-11 所

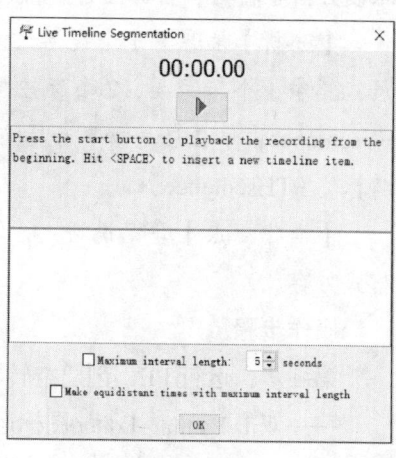

图 3-11

示。先把鼠标置于"播放"按钮 ▶ 上,手指放在空格键上,一旦按下播放键,集中精力听录音,听到断句处,及时点击空格键,直至录音播放结束软件自动切出一个个的事件格。效果如图3-12所示。

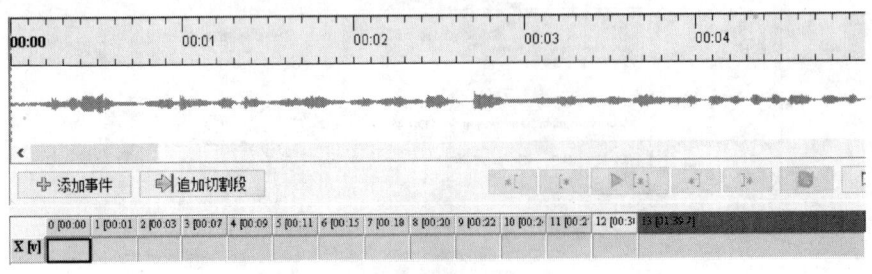

图 3-12

第六节　层的定义和编辑

> 本节重点掌握的菜单命令:
> 转写 > 说话人登记表
> 转写 > 录音文件
> 层 > 层属性
> 层 > 添加层
> 文件 > 另存为

实例2　有方言故事录音文件"gushi.wav",创建转写文件"gushi.exb",要求设方言字转写、音标注音、普通话逐句翻译3个层。

【分析】录音有1个说话人,代号用FAN。转写标注3项内容,故应建3个层,其中1个转写层,2个标注层。第1层是转写层,记录方言文本,范畴标签FYsentence;第2层是故事音标注音,范畴IPAword;第3层普通话逐句翻译,范畴标签PTHsentence。

【操作要点】登记说话人,编辑层属性,添加新层,链接录音,转写文件和格式另存。

操作步骤:

第一步:运行PE,创建空转写文件。

——双击Partitur-Editor图标运行程序,系统自动创建一个转写文件(图3-13):文件名"untitled.exb",只有一个层,层名X,范畴v。用户可修改这些缺省值。

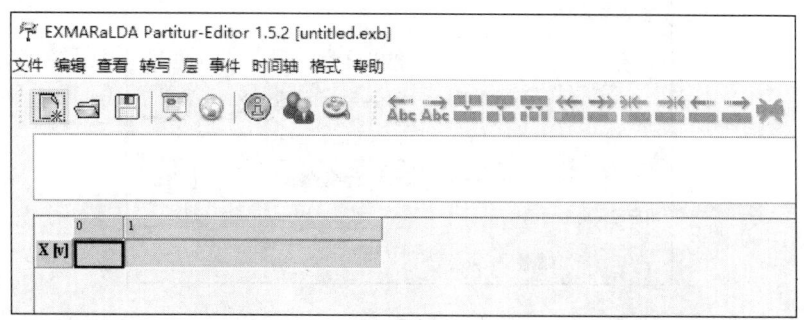

图 3-13

第二步：填写说话人信息。

——单击主菜单命令"转写>说话人登记表"，弹出编辑说话人面板（图 3-14），系统自动用 SPK0、SPK1 给说话人编号，姓名缩写缺省值是 X，层名用说话人缩写代号。这里将姓名缩写改为 FAN，性别 male（男），填写说话人语言情况，也可按添加属性，添加籍贯、年龄、文化程度、职业等其他信息，填毕按"确定"回到主页，层名自动改为 FAN。

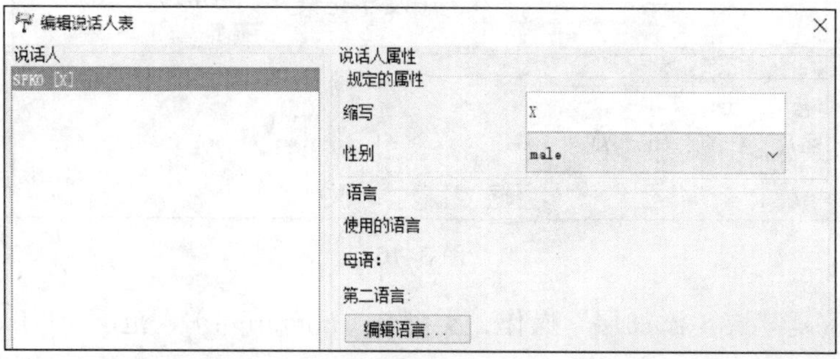

图 3-14

第三步：编辑层属性。

将系统自动创建的层作为转写层，用来记录故事方言文本。层名已自动改为 FAN。

——鼠标单击选中 FAN 层，该层变成蓝色；再单击主菜单命令"层>层属性"，或鼠标右键菜单层属性，弹出编辑层属性面板（图 3-15）。将这个层作为转写层，因此类型属性选 T（ranscription）；范畴标签命名为 FYsentence；勾选"自动"，按"确定"回到主页，可见层名标签成了 FAN［FYsentence］，方括号里面是范畴名称。

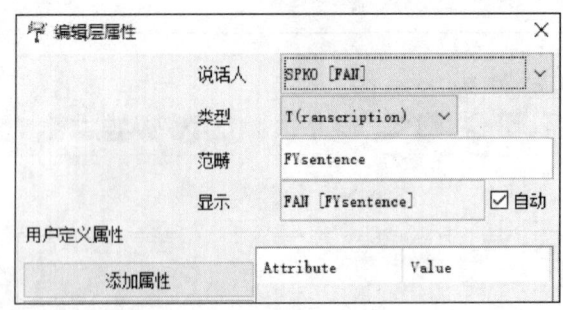

图 3-15

第四步：添加新层。

除转写层外，还要添加两个标注层，其中一层用于音标注音，另一层用于普通话翻译。

——单击主菜单命令"层>添加层"，弹出新建层窗口（图3-16），说话人不变，类型 A（nnotation），范畴 IPAword，勾选"从…拷贝事件"，取消"Copy text"，按"确定"，成功添加新层。

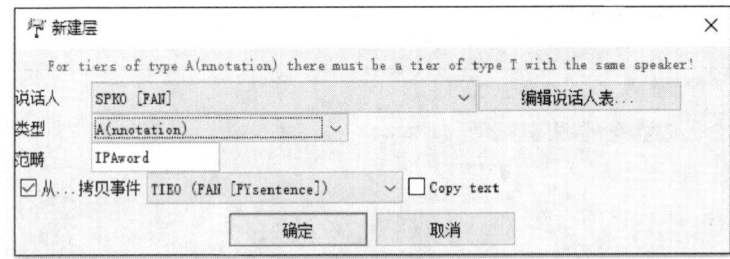

图 3-16

——重复"层>添加层"操作，类型 A（nnotation），范畴 PTHsentence，勾选"从…拷贝事件"，取消"Copy text"，按"确定"。转写文件共3层，如图3-17 所示。

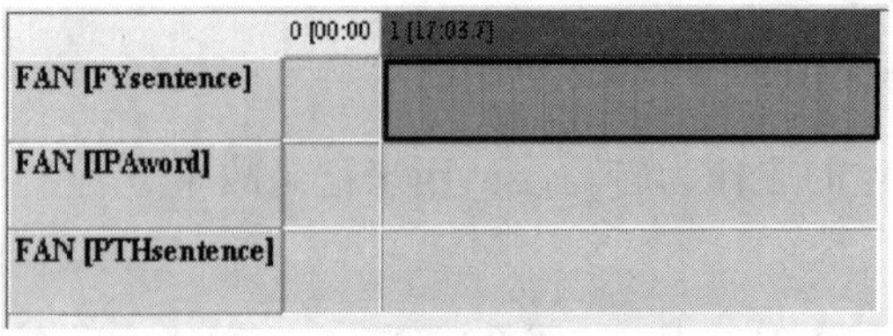

图 3-17

第五步：关联音频文件。

转写文件必须至少有一个对应的媒体文件（音频或视频）。转写文件和媒体文件最好使用相同的文件名，并且放在同一目录或同一个文件夹。

——单击主菜单"转写>录音文件",弹出编辑媒体文件窗口,按 Add 读入 Example02 文件夹录音文件"gushi.wav",按"OK"按钮回到主页,可见到音频波形,如图 3-18 所示。

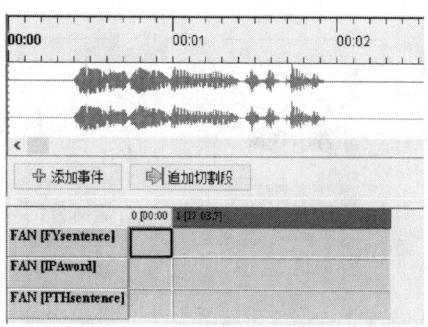

图 3-18

——将鼠标放在波形窗任意处,按住 Ctrl 键并转动滚轮,可横向放大或缩小波形;按住"Ctrl+Shift"两个键并转动滚轮,可垂直放大或缩小波形。

——单击主菜单"文件>另存为",转写文件名为 gushi,与音频文件同名;勾选右上角"保存格式",按"保存",将转写文件"gushi.exb"和音频文件"gushi.wav"放在一起。

第七节 利用现成的转写文件

> 本节重点掌握的菜单命令:
> 格式 > 层格式
> 格式 > 格式表另存为
> 格式 > 打开格式表
> 层 > 隐藏层
> 层 > 显示全部层

本节学习利用现成转写文件和格式文件,做简单修改,使之成为自己需要的转写文件。根据中国语言转写要求,我们定义了"dialogChinese.exb"和"dialogMinzu.exb"两个对话转写文件(文件的层范畴、类型和用途分别见表 3-1 和表 3-2),前者适合汉语方言,后者适合民族语,格式为文件后缀 exf[①]。每个转写文件定义

[①] 见随书光盘 Template 文件夹。

了两个说话人（代号 Zhang、Li），每个说话人定义 6 层。

表 3-1 dialogChinese.exb 文件的层范畴、类型和用途

范畴	类型	用途	说明
dialectText	转写层，T	★话语的方言文本	转写文本用空格分词
nonSpeech	描写层，D	非言语现象	非言语现象可直接在转写文本中随文夹注
textIPA	标注层，A	★话语音标注音文本	空格分词
wordPTH	标注层，A	普通话逐词对译	空格分词
textPTH	标注层，A	★普通话逐句翻译	空格分词
gramNote	标注层，A	标注语法现象	此层可省去

说明：对于个人独白，删除其中一人的全部层。不需要的层，可将其隐藏或删除。

表 3-2 dialogMinzu.exb 文件的层范畴、类型和用途

范畴	类型	用途	说明
minzuText	转写层，T	★话语的民族文字转写文本	转写文本用空格分词
nonSpeech	描写层，D	非言语现象	非言语现象可直接在转写文本中随文夹注
textIPA	标注层，A	★话语音标注音文本	空格分词
wordPTH	标注层，A	普通话逐词对译	空格分词
textPTH	标注层，A	★记录普通话逐句翻译	空格分词
gramNote	标注层，A	标注语法现象	此层可省去

说明：没有传统文字的民族语，minzuText 层可不用，将类型改为 A，再将 textIPA 层类型改为 T，不用的层可隐藏或删除。

实例 3 修改现成的转写文件 "dialogChinese.exb"，用于音频文件 "dialogCanton.wav" 三人对话录音转写。

【分析】该录音是一段 3 人粤方言对话，每位说话人至少应建立方言转写文本、音标注音、普通话翻译等 3 个层。现成 "dialogChinese.exb" 文件是 2 人 6 层，因此应添加一个说话人，删除其中 3 层。

【操作要点】添加说话人，删除层，编辑层属性，设置层格式，链接录音文件，另存格式表文件。

操作步骤：

第一步：将现成转写文件模板另存为"dialogCanton.exb"转写文件。

——运行 PE，单击主菜单命令"文件＞打开"，打开 Template 文件夹的转写文件"dialogChinese.exb"。

——单击"文件＞另存为"，勾选"保存格式"，另存为"dialogCanton.exb"转写文件，将它和音频文件"dialogCanton.wav"一同放在 Example03 目录下。

第二步：添加说话人 Wang，更改性别。

原文件已有 Zhang、Li 两个说话人，这里再添加第三个说话人 Wang。

——单击主菜单命令"转写＞说话人登记表"，弹出编辑说话人表窗口，在性别下拉选项中将性别 male 更改为 female。

——按左下角的添加说话人按钮，在窗口右上角缩写空格条输入姓名代号 Wang，性别 female，按"确定"。

第三步：删除不需要的层。

本例按最简原则标注，wordPTH、nonSpeech、gramNote 3 个层可以删除。

——鼠标单击层标签是 Zhang［wordPTH］的层，按工具栏的第三排的"层排序上移"按钮，将这个层上移到 Zhang［nonSpeech］下面，再将 Zhang［gramNote］层也上移到 Zhang［wordPTH］下面；依次操作，将 Li［nonSpeech］、Li［wordPTH］、Li［gramNote］也上移到一起。

——按 Shift 键，鼠标选中上面 6 个层，单击鼠标右键菜单"删除层"，将其删除。

第四步：为第三位说话人添加层。

——单击"层＞添加层"，选中说话人 SPK2［Wang］，范畴 dialectText，类型 T，取"拷贝事件"和"copy text"两个选框，添加一个转写层。

——依次操作，再添加两个转写层，类型都是 A，范畴标签分别是 textIPA、textPTH，同样取消拷贝事件和拷贝文本。

第五步：设置新加层的字库和字号。

——按 Shift 键单击鼠标选中 Wang［dialectText］、Wang［textPTH］两个层（如果上下不排在一起，则应先上移排序），点击鼠标右键菜单"层格式"，弹出格式窗口（图 3-19），将这两层的字库设为"宋体"，字形 Plain，字号 16 号，如需要，也可设置文字和背景色。按"确定"。

——单击选中 Wang［textIPA］层，字库设为 Times New Roman，字形 Plain，字号 16 号。

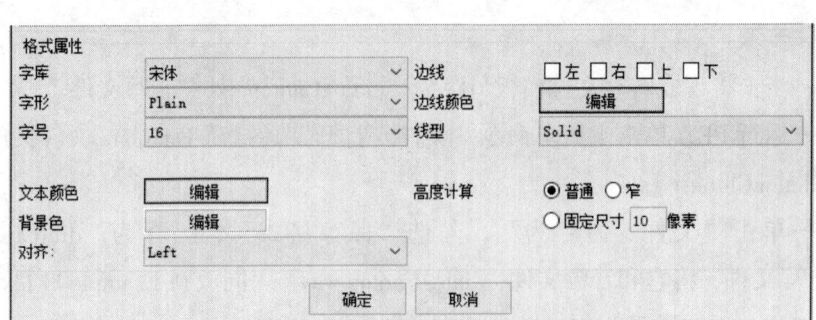

图 3-19

第六步：链接音频文件，另存转写文件和格式。

——单击主菜单"转写 > 录音文件"，按 Add 导入音频文件。

——单击主菜单"文件 > 另存为"，文件名 dialogCanton，勾选"保存格式"，按"确定"。

——单击主菜单"格式 > 格式表另存为"，格式文件用相同文件名 dialogCanton，与转写文件、音频文件放在同一个文件夹目录 Example03。

格式文件后缀是 exf，它只保存转写文件的字体、字形和字号信息。打开转写文件以后，再单击主菜单"格式 > 打开格式表"，即可导入格式。

第八节　切分音段、创建事件、录入转写

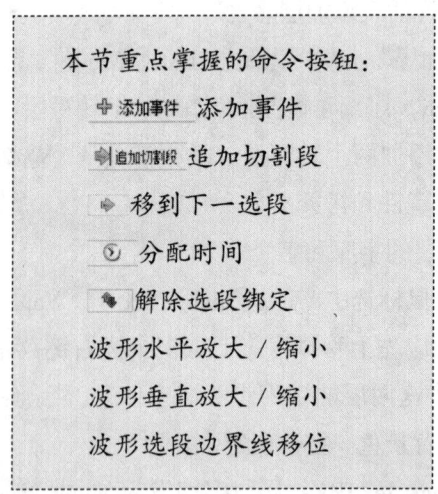

创建了转写文件，加入了音频（或视频）文件链接，接下来的工作就是对话语录音进行切分，录入转写和标注文本。

自然口语的句子和书面语句子并不一样。口语句子照实写下来，未必符合"语

法"。划分口语句子单位并不是一件容易的事。分析自然口语一般用语调单位（intonation unit），而不用"句子"这个概念。通常而言，说话时一次呼气，可视为一个语调单位。

实例4 利用实例2的"gushi.exb"和"gushi.wav"，进行语调单位切分和文本转写。

【分析】播放录音，弄清语音、停顿、呼吸等口语现象，明确语调单位分界，将听到的言语声和非言语声如实转写或标记。

【操作要点】波形选段，微调选段边界线，添加事件，录入文本，设置字体字号。

操作步骤：

第一步：打开转写文件，加入音频链接。

实例2创建了转写文件"gushi.exb"，并与音频文件"gushi.wav"链接。双击打开文件夹Example02的"gushi.exb"转写文件。

第二步：波形选段，在转写层创建事件。

——单击转写层FAN［FYsentence］，该层变蓝色，表示为当前工作层。

——在波形起点按住并拖动鼠标，选出第1个语调单位音段，左右边线变蓝色（图3-20）。

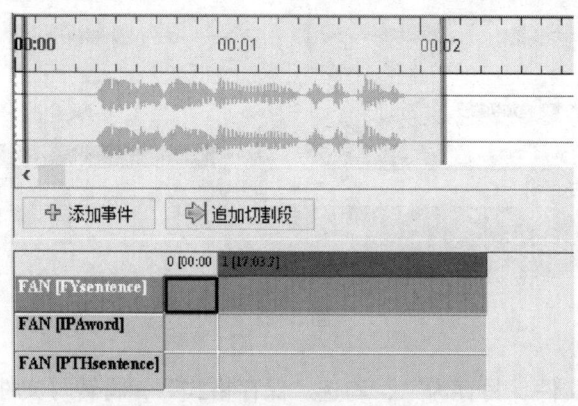

图3-20

——单击波形下方"添加事件"按钮，弹出层列表选项，点击选中编号为0的层FAN［FYsentence］，这时，波形选段的边界线变成了绿色和红色，时间轴前面切出了编号0、1的2个时段（选段前面的空白段对应编号为0），如图3-17所示。转写层FAN［FYsentence］对应时间轴编号1的时段下面，同时产生一个空白事件格（图3-21），这时可在事件格录入转写文本，也可按回车键确认，留待后面录入。

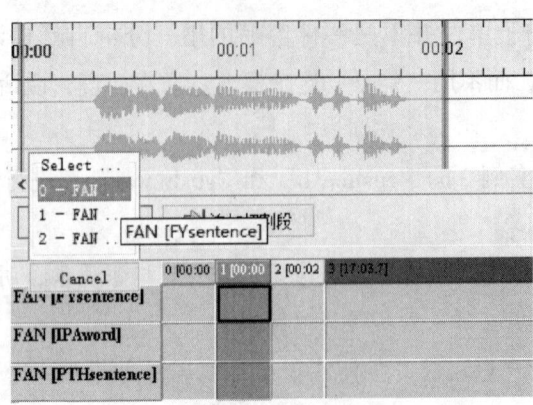

图 3-21

——单击鼠标左键拖选出下一个语句，按"添加事件"，依次操作，直至录音切分完毕。

——回到波形起始点，单击时间轴的切分段，播放录音，同时在事件格录入文字（图 3-22）。打字时，有些字符不能显示，可用鼠标右键菜单层格式设置字库、字形和字号。

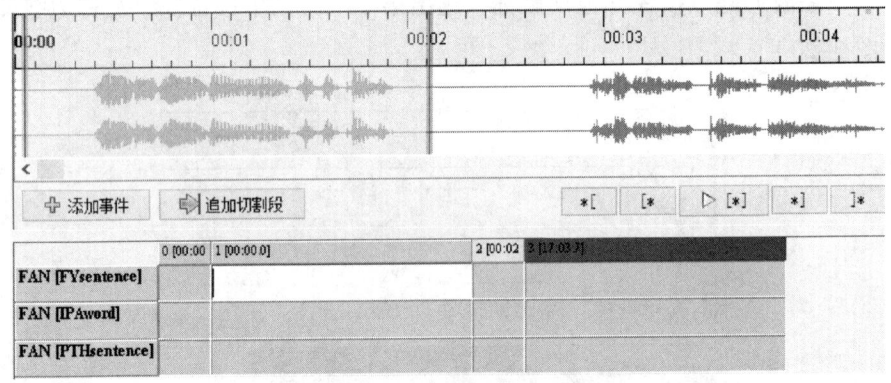

图 3-22

——单击"文件>另存为"，勾选"保存格式"，将转写文件保存。

实例 5 对现有的方言转写文件"dialogChinese.exb"进行修改，创建适合"gushi01.wav"的转写文件，用追加切割段按钮切分音段和创建事件。

【分析】追加切割段与实例4的"添加事件"按钮功能相似，但结果不同：添加事件是手动选出波形段，选段之间允许空隙。追加切割段是自动切出2秒长音段，选段之间不留空隙。采用添加事件的方式创建事件以后，不必录入文字就可继续切分。追加切割段创建事件，必须录入文本以后才可以进行下一个切分。

【操作要点】删除层，加入音频文件链接，更改说话人，追加切割段。

操作步骤:

第一步:修改现有文件"dialogChinese.exb"并另存。

——打开 Templates 文件夹的"dialogChinese.exb"文件。

——删除有说话人标签 Li 的所有层;删除 Zhang [nonSpeech]、Zhang [wordPTH]、Zhang [gramNote] 3 个层。

——加入 Example05 文件夹的"gushi01.wav"音频文件。

——将转写文件另存为"gushi01.exb",保存格式,放在 Example05 目录下。

第二步:自动追加切割段,录入转写文本。

——单击选中 Zhang [dialectText] 层。

——单击波形下方"追加切割段"按钮,系统自动从起点切出 2 秒长音段,红色右边线读秒 00:02,时间轴上产生一个编号为 0 的时段。这时,再按追加切割段按钮,不能继续切分,只能播放该音段。如图 3-23 所示,红色边线没有完全包括第一句话,需要调整理右边线位置。将鼠标置于右边线上,按住并拖动至第一句话后面空白处。

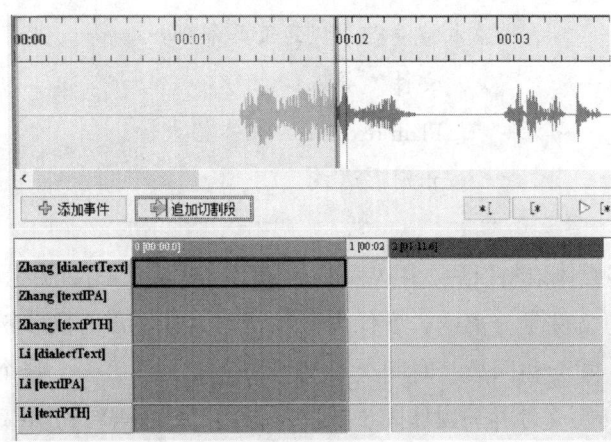

图 3-23

——单击 Zhang [dialectText] 的事件格,在空白条里录入文字,按回车键确定(图 3-24)。

——再按"追加切割段",切出下一个 2 秒长的音段,调整边界线,录入文字。依次操作,一边追加切割段,一边录入文字转写,最后保存文件,注意保存格式。

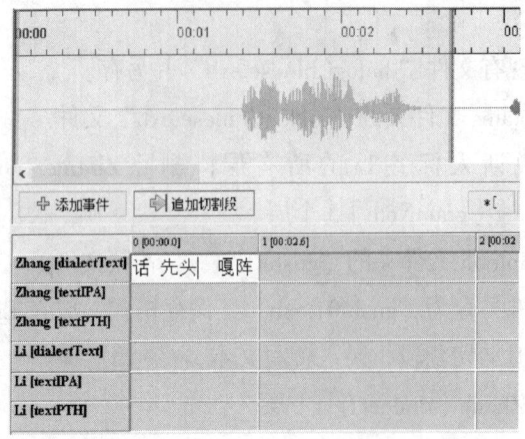

图 3-24

第九节　导入单一文本资料

> 本节重点掌握的菜单命令：
> 文件 > 导入
> Plain text file 纯文本格式
> 正则表达式

通常录制多媒体语料以后，用 Word、记事本、WPS、Excel 办公软件进行转写。媒体文件和转写文件是分离的，音像内容和转写文本也没有同步链接。这既不便于语料的查找、阅读和回放，时间久了又容易造成文件丢失。将个人的分散语料导入 PE，创建转写文件并与媒体同步链接，将大大提升语料利用率。

个人分散的文本资料，有的内容文本只有一种文字，属于单一文本；有的内容文本有音标符号、民族文字、中文等多种文字符号，属于多文字文本。有的文本分段编排，有的是对话格式和分行编排。无论何种内容和形式，只要转换为 PE 规定的文本格式，就能顺利导入软件，实现语料的再利用。

PE 能导入后缀为 txt 的纯文本文档（Plain text file）。以 doc 文件保存的转写标注资料，可直接另存为 txt 文档。考虑到汉语方言和民族语言文本资料有特殊文字字符，将 word 文档转换为 txt 文档时，应采用 UTF-8 字符编码。

导入整段或整篇的单一文本时，PE 根据下面三类符号切分文本。

（1）按分段符拆分文本，如：回车、段落标记、换行符。

（2）按非单词字符拆分文本，如：空格，26个字母之外的字符。

（3）按正则表达式拆分文本。

正则表达式的书写方法：在方括号里列出作为切分标记的字符，中文字符则外加双引号。例如，下面的正则表达式是合法的，见表3-3。

表3-3

正则表达式书写	含　义
[＂ ＂, . ? ! ;]	按空格和英文逗号、句点、问号、感叹号、分号切分文本，引号里面是空格
["。" "," "、" "?" ";"]	按中文句号、逗号、顿号、问号、分号切分文本

实例6 将"news01.doc"单一中文文本内容导入PE，与音频文件"news01.wav"链接。

【分析】这是一则普通话新闻，只有中文，属单一整段文本。应将doc文件转换为txt文件。导入PE时按中文标点切分句子，要用到正则表达式。

【操作要点】新建txt文件，UTF-8字符编码，导入纯文本文件，正则表达式书写，更改说话人，编辑层属性，设置层格式，链接音频文件。

操作步骤：

第一步：将doc文件另存为txt文本文件。

——打开"news01.doc"文件，单击主菜单"另存为 > 其他格式 > 纯文本"；按"保存"，弹出"文件转换"窗口（图3-25）；

——选"其他编码"，字库列表选"Unicode（UTF-8）"，按"确定"，保存"news01.txt"文件。

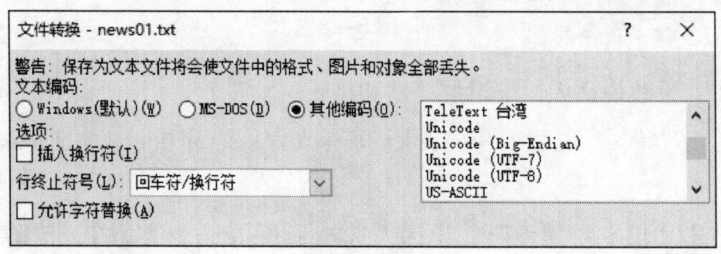

图3-25

第二步：导入纯文本文件。

——运行PE，单击主菜单命令"文件 > 导入"，弹出导入窗口，文件选"news01.txt"，文件类型"Plain text file（*.txt）"；字符编码选"UTF-8"，如图3-26所示。

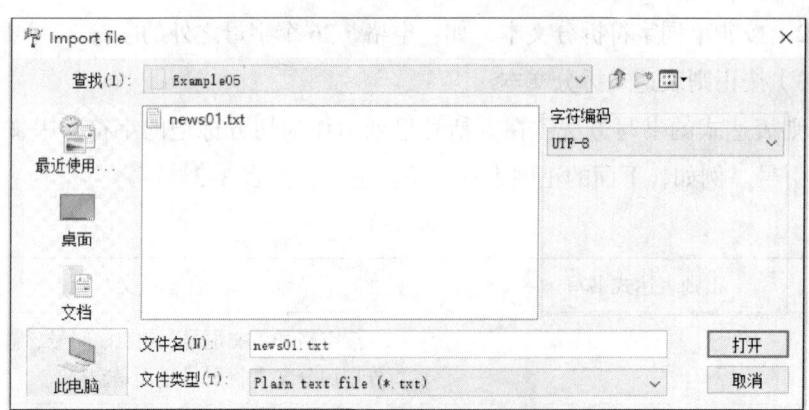

图 3-26

——按"打开",弹出"选择文本拆分符"(Choose a text splitter)面板,选"按正则表达式拆分"(Split at regular expression),在空格条输入方括号,里面列出中文逗号、分号和句号,每个中文标点要加上英文双引号,如图 3-27 所示。

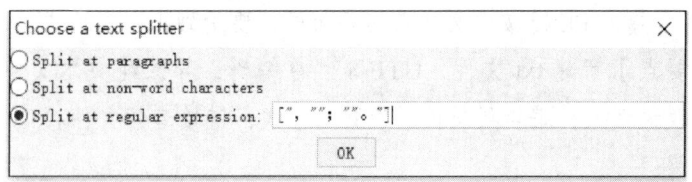

图 3-27

——按"OK"确定,成功导入文本,效果如图 3-28 所示。

图 3-28

第三步:更改说话人,编辑层属性和格式。

——单击"转写>说话人登记表",缩写改为 newsreporter,性别 female,按"确定"。

——点击"层>层属性",说话人选 newsreporter,类型 T,范畴 textPTH,勾选"自动",按"确定"。

——单击层名 newsreporter〔textPTH〕,按鼠标右键菜单"层格式",弹出层格式窗口,字库设为"宋体",字形设为 Plain,字号 16 号。

第四步:导入音频,保存转写。

——单击"转写>录音文件",在弹出窗口按"Add"按钮,加入"news01.

wav"文件，按"OK"导入录音。鼠标按住页面中间横杠并下拉，垂直调大波形窗口，如图3-29所示。

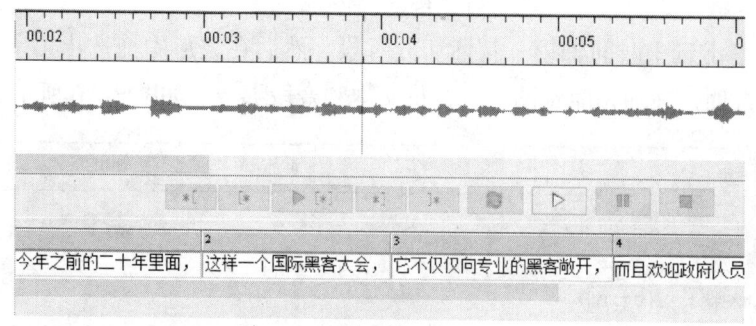

图3-29

——单击主菜单"文件＞另存为"，勾选"保存格式"，文件名用news01，按"保存"。也可以再将格式另外单独保存为"news01.exf"格式表文件。

实例7 将"gushi02.doc"单一音标文本导入PE，与音频"gushi02.wav"链接。

【分析】这是一则方言故事，只有音标注音，属单一整段文本。应将doc文件转换为txt文件。导入PE时按中文标点切分句子，要用到正则表达式。

【操作要点】将doc文件另存为txt文件，UTF-8字符编码，导入纯文本文件，正则表达式书写，更改说话人，编辑层属性，设置层格式，链接音频文件。

操作步骤：

第一步：将"gushi02.doc"转换为"gushi02.txt"文件。

——打开"gushi02.doc"文件，将内容全选、复制。新建一个文本文档并打开，粘贴复制的内容。

——将文本文档另存为"gushi02.txt"，编码选UTF-8。

第二步：导入文本文档，按标点切分语句。

——运行PE，单击主菜单"文件＞导入"，弹出导入文件窗口，文件选"gushi02.txt"，文件类型"Plain text file（*.txt）"，字符编码"UTF-8"，按"打开"，弹出选择拆分符选项板。

——点击"按正则表达式拆分"，在条格中输入英文方括号和逗号、句点，按"OK"，成功导入单一音标文本，并按标点符号切分句子，创建事件。但有些音标字符没有显示。

第三步：设置层格式。

——单击选中TXT层，鼠标右键菜单"层格式"，在弹出窗口中设置字库Times New Roman，字形Plain，字号16号，按"确定"，所有音标字符已显示。

第四步：链接音频文件，进行切分、绑定。

——单击主菜单"转写＞录音文件"，在弹出窗口按"Add"按钮，导入"gushi02.wav"音频文件，并进行链接。

——单击选中时间轴第一句话切分时段，然后在波形中拖选出第一句话，按右边的分配时间按钮（时钟图标），将文本和音段绑定，如图3-30所示。

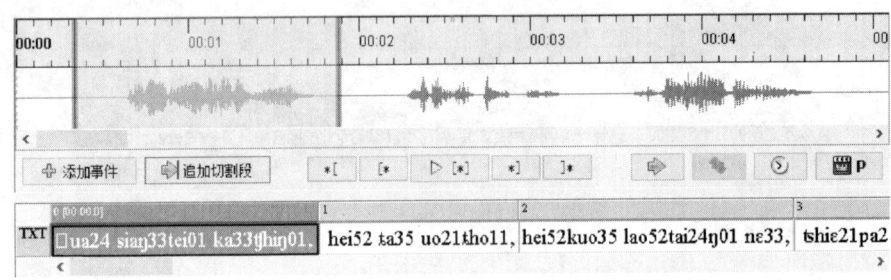

图3-30

——单击时间轴第二句话切分时段，再按绿色移动选段按钮 ，在波形中拖选下个音段，按时钟按钮绑定。撤销绑定，则按双箭头按钮。依次操作，直至完毕。

——单击主菜单"文件＞另存为"，将转写文件连同格式另存为"gushi02.exb"，与音频文件"gushi02.wav"放在Example07文件夹。

第十节　导入对话和分行文本

> 本节重点掌握的菜单命令：
> 文件＞导入
> Simple EXMARaLDA text file 文本格式

语言记录资料除了单一文本之外，还有单个句子分行标注文本，对话分行标注文本。通常一个句子的记录文本有三行：方言字或民族传统文字转写、音标记音、普通话翻译。对话通常分行排列，每句话也有转写、记音和翻译三行。这种分行转写标注格式叫作最简三行标注。下面的方言句子就是三行标注。

Ni^{52} tɕi^{52} kau^{52} ma^{33}kɛ^{21} la^{21}？
你　企　搞　　吗咯　　　喇？
你在搞什么呢？

下面的彝语对话也是最简三行标注（彝文、音标注音、普通话翻译）。

马：ꊇ ꁈ ꃅ ꒉ ꈌ ꆈ ꄉ？
　　nɯ³³ pu̱³³·⁴⁴ i⁴⁴ ko³³ la³³ o⁴⁴ da²¹？
　　你回来了？

李：ꁈ ꆈ ꄉ。
　　pu̱³³ la³³ o⁴⁴.
　　回来了。

马：ꈌꊭ ꑭ ꆈ ꌋ ꉬ？
　　khɯ²¹ thɯ³³ ɕi³³ la³³ su³³ ŋu³³ a²¹？
　　什么时候到的啊？

李：ꀉ ꅝ ꉙ。
　　a²¹ do²¹ ho⁵⁵.
　　昨晚。

上面的文本不是单一文本，它有多种字符，转写和标注各行上下对齐。这类文本需要改编为 PE 规定的简单 EXMARaLDA 文本文件格式，才可以导入。

我们将上面的方言句子排版做如下改变。

Zhang：［Ni̱⁵² tɕi⁵² kau⁵² ma³³ kɛ²¹ la²¹？］你 企 搞 吗咯 喇？{你在搞什么呢？}

彝语对话的排版也做如下改变。

Ma：［ꊇ ꁈ ꃅ ꒉ ꈌ ꆈ ꄉ？］nɯ³³ pu̱³³·⁴⁴ i⁴⁴ ko³³ la³³ o⁴⁴ da²¹？{你回来了？}
Li：［ꁈ ꆈ ꄉ。］pu̱³³ la³³ o⁴⁴.{回来了。}
Ma：［ꈌꊭ ꑭ ꆈ ꌋ ꉬ？］khɯ²¹ thɯ³³ ɕi³³ la³³ su³³ ŋu³³ a²¹？{什么时候到的啊？}
La：［ꀉ ꅝ ꉙ。］a²¹ do²¹ ho⁵⁵.{昨晚。}

这就是简单 EXMARaLDA 文本文件格式。概括起来就是：三行合一行，首句方括号，末句花括号，行头加姓名，冒号后空格[①]。对于单人长篇口述的最简三行标注文本，每句话前面的说话人用相同的缩写代号。此外，对话常常有重叠话语[②]。PE 规定，重叠部分用尖括号，多处重叠则在后面再加上序号和右尖括号。例如，下列对话表示说话人 Zhang 的后半句话和 Wang 的前半句同时说出。

[①] 格式中的括号和冒号都是半角字符。
[②] 重叠话语就是说话人甲的话语还没有说完，另一人已开始说话。

Zhang：很久不见你了，＜去哪里了＞1＞？

Wang：＜老张，＞1＞你好啊。

实例8 将"dialogYi.doc"三行标注对话文本导入PE，链接音频文件"dialogYi.wav"，每句话与音段同步绑定。

【分析】原文为两人对话，有彝文、音标、中文三种字符，没有重叠话语。先将排版格式改为简单EXMARaLDA文本，另存为txt文件，字符编码用UTF-8，导入时的文件类型选Simple EXMARaLDA text file（*.txt），字符编码同样要用UTF-8。

【操作要点】更改doc文档的内容编排格式，导入Simple EXMARaLDA text file，字符编码UTF-8，设置层字库字号，编辑层属性。

操作步骤：

第一步：将doc对话文本改为简单EXMARaLDA文本格式。

——新建一个txt文件，将doc文件内容复制到txt文件中，再将每句话的三行标注合为一行，前句后句各加上方括号和花括号。姓名代码后面用冒号，并留空格。

——将txt文件另存为"dialogYi.txt"，字符编码UTF-8。

第二步：导入文本文件"dialogYi.txt"，设置层格式。

——运行PE，单击主菜单"文件＞导入"，文件选"dialogYi.txt"，文件类型Simple EXMARaLDA text file（*.txt），字符编码UTF-8，按"打开"导入文本，但彝文和音标字符没有全部显示。

——单击选中AL［c］层，按鼠标右键菜单"层格式"，字库选Microsoft Yi Baiti，字形选Plain，字号16号；用同样方法设置ML［c］层的彝文字体、字形和字号。

——单击选中AL［v］层，设置层格式，字库选Times New Roman，字形选Plain，字号16号；用同样方法设置ML［v］层的音标字体、字形和字号。

第三步：更改层属性。

——选中AL［c］层，按鼠标右键菜单"层属性"，类型改为A，范畴改为textYi，按"确定"。再选中ML［c］层，按鼠标右键菜单"层属性"，类型改为A，范畴改为textYi，按"确定"。

——选中AL［v］层，按鼠标右键菜单"层属性"，类型T，范畴改为textIPA，按"确定"。再选中ML［v］层，按鼠标右键菜单"层属性"，类型T，范畴改为textIPA，按"确定"。

——选中AL［a］层，按鼠标右键菜单"层属性"，类型A，范畴改为textPTH，按"确定"。再选中ML［a］层，按鼠标右键菜单"层属性"，类型A，范畴改为textPTH，按"确定"。至此，层属性全部更改完毕，如图3-31所示。

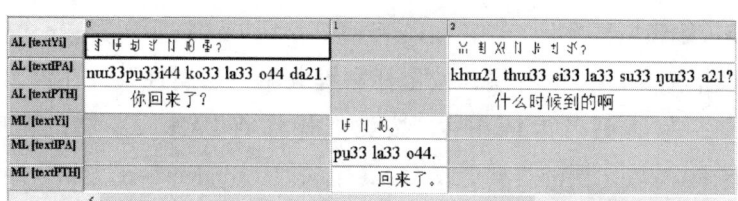

图 3-31

第四步：导入音频文件，将语句和音段同步链接绑定。

——单击主菜单"转写 > 录音文件 > 增加"，将录音文件"dialogYi.wav"导入；

——参照实例 7 第四步操作，切分句子音段，并绑定文本。

——单击"文件 > 另存为"，将转写文件连同格式另存为"dialogYi.exb"。

实例 9 将"gushi03.doc"的故事转写标注文本导入，并与音频"gushi03.wav"链接。

【分析】这是方言故事文本，属最简三行标注。每句话已编号，上下对齐排列。可将排列改为简单 EXMARaLDA 三行合一格式，将句子编号全部改为说话人代号（如 FAN），后面加冒号和空格。

【操作要点】最简三行标注改为简单 EXMARaLDA 文本格式，导入 Simple EXMARaLDA text file 文件类型，UTF-8 字符编码，设置层格式，编辑层属性，波形选段和事件绑定，保存转写和格式。

操作步骤：

第一步：将 doc 文件内容改为简单 EXMARaLDA 文本文件编排格式。

——打开"gushi03.doc"，用替换方法，将每句话第一行加方括号，第三行加花括号；再将第二、三行并到第一行；最后将全部句子编号改为 FAN，后面上半角冒号和空格。

——将文件另存为"gushi03.txt"文档，用 UTF-8 编码保存。

第二步：导入文本文档，设置层格式。

——单击主菜单"文件 > 导入"，文件选"gushi03.txt"，文件类型 Simple EXMARaLDA text file（*.txt），字符编码 UTF-8，按"打开"导入文本，但音标字符没有完全显示。

——单击选中 FAN［a］层，按工具栏"层排序上移"，放在 FAN［c］层之下。

——按住 Shift 键，单击鼠标选中 FAN［c］和 FAN［a］两个层，按鼠标右键菜单"层格式"，字库设为宋体，字形 Plain，字号 16 号。再选中 FAN［v］层，按类似操作设置层格式，字库设为 Times New Roman，字形 Plain，字号 16 号。

第三步：编辑层属性。

——单击选中FAN［v］层，按鼠标右键菜单"层属性"，在弹出窗口中，类型T不变，范畴更名为textIPA。按类似操作将FAN［a］层的范畴更名为textPTH，将FAN［c］层的类型更改为A，范畴改为dialectText，如图3-32所示。

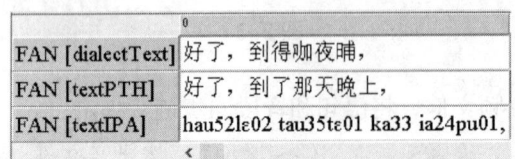

图 3-32

第四步：加入音频文件链接，同步事件和音段。

——单击主菜单"转写>录音文件>增加"，导入"gushi03.wav"文件。

——选中时间轴0号时段，将鼠标置于波形起始点，按住并拖动鼠标，选出第一句话音段（图3-33）。左边线若没到0秒位置，则将鼠标放在左边线外，拨动滚轮微调选段。

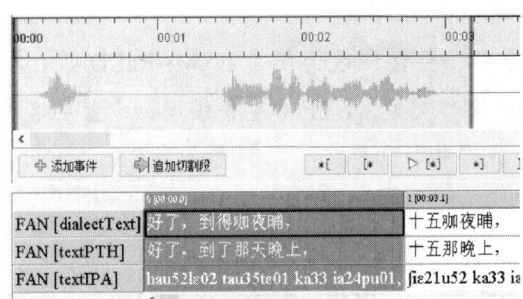

图 3-33

——按波形窗右下角的分配时间图标按钮，将音段和事件文本同步绑定。

——选中时间轴1号时段，按绿色移动选段按钮，选出下一句话音段（图3-34），调节边界线位置，再按分配时间图标绑定。依次操作，直至完毕。

——单击主菜单"文件>另存为"，将转写连同格式保存为"gushi03.exb"文件。

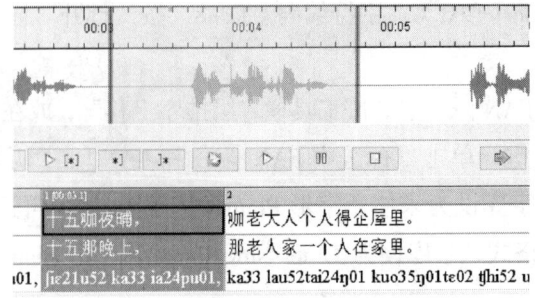

图 3-34

第十一节　粘合转写：导入多段落文本

> 本节重点掌握的菜单命令和工具按钮：
> 转写 > 粘合转写
> 事件 > 拆分，合并，一拆三
> 事件 > 事件扩展，缩进
> 事件 > 文字左移，右移
> 事件 > 删除
> 工具栏的事件操作按钮
> 时间轴 > 删除未用的时间轴段

　　在第九节我们学习了导入单一文本资料的操作。实际上，个人留存的汉语和民族语言的文本语料中，单一文字的文本是少数，大多数文本是包含几种文字符号的段落篇章文本。通常分三个部分编排，各部分使用不同的文字符号。例如，一则方言长篇故事的记录文本，第一部分可能是音标注音文本段，第二部分是方言字转写文本段，第三部分是普通话翻译文本段。一段民族语的个人口述记录资料，第一段可能是民族文字转写，第二段可能是国际音标注音，第三段则是普通话翻译。这种文本称为"多段落非单一文本"。

　　非单一文字的段落篇章文本，如果按第九节的方法导入，则导入后所有内容都放在同一层，但我们需要的是，将音标符号、方言文本和普通话翻译文本分别放在三个不同的层。

　　如何将不同文字符号的分段文本导入 PE 并放在不同的层呢？可以用下面两种方法。

　　方法一：将三段不同文字的文本，分别另存为三个文本文件，分三次以纯文本文件的形式导入，建三个转写文件。再用菜单命令"转写 > 粘合转写"，分两次将三个转写文件合并为一个转写文件。

　　方法二：将三段文本作为三行，用前段加方括号，后段加花括号的方式，按照第十节学习的简单 EXMARaLDA 文本文件格式导入。再利用事件工具按钮，将句子一句一句拆分。

一、分段导入和粘合转写

下面通过实例学习操作。

实例10 将"gushi04.doc"的三部分非单一文本，按标点切分句子导入PE，添加两个层，新建转写文件，并粘合。

【分析】这是按段落编排的方言、音标、普通话三部分文本。先仔细校对每段文本的断句和标点是否一致，如不一致，应先修改，使它们变得一致。然后将方言、音标、普通话文段，分别建三个文本文档"gushi04a.txt""gushi04b.txt""gushi04c.txt"。再按第九节文件类型 Plain text file 导入，分别建立三个转写文件"gushi04a.exb""gushi04b.exb""gushi04c.exb"。每个转写文件建三层：第一层方言转写（T层，范畴 dialectText），第二层为音标注音（A层，范畴 textIPA），第三层普通话翻译（A层，范畴 textPTH）。最后合并三个转写文件。每次只能合并两个。

【操作要点】导入 Plain text file，正则表达式，添加层，设置层格式，粘合转写。

操作步骤：

第一步：导入 Plain text file 文件类型。

——打开文件夹 Example10 的"gushi10.doc"文件，将方言、音标、普通话文本内容分别另存为 UTF-8 编码的 gushi04a、gushi04b、gushi04c 三个文本文件。

——运行PE，单击主菜单"文件>导入"，弹出导入文件窗口，文件选"gushi04a.txt"，文件类型 Plain text file（*.txt），字符编码 UTF-8，按"打开"，弹出"选择文本拆分符"（Choose a text splitter）面板（图3-35）。

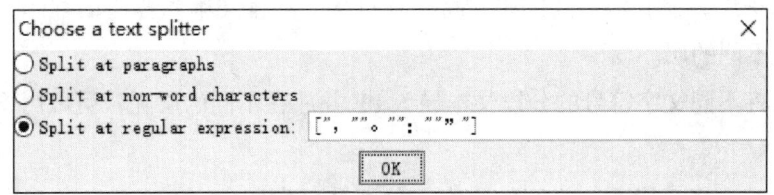

图 3-35

——点击选中"按正则表达式拆分"（Split at regular expression），"gushi04a.txt"是单纯方言文本，句子结束处只有中文标点逗号、句号、冒号、引号。书写正则表达式时，中文标点都要加双引号。正确的书写格式是：[","。"：" ""”]

——按确定导入文本。

第二步：更改说话人、编辑层属性、设置层格式。

——单击主菜单"转写>说话登记表"，缩写 wang，性别 male，按"确定"。

——单击 txt 层名，按鼠标右键菜单"层属性"，在弹出窗口中，说话人 SPK0 ［wang］，类型 Transcription，范畴更改为 dialectText，勾选"自动"，按"确定"，成功修改层名称。

——单击层名 wang［dialectText］，按鼠标右键菜单"层格式"，字库设为"宋体"，字形 Plain，字号 16 号。

第三步：添加二个标注层。

——单击主菜单"层＞添加层"，类型 A，范畴 textIPA，下面 2 个勾选框留空。

——单击主菜单"层＞添加层"，类型 A，范畴 textPTH，下面 2 个勾选框留空。

——单击主菜单"文件＞另存为"，在弹出窗口勾选"保存格式"，文件名"gushi04a.exb"。

第四步：导入音标文本"gushi04b.txt"，更改说话人、层属性、层格式。

——按照第一步的操作，文件类型选 Plain text file（*.txt），导入"gushi04b.txt"。书写正则法表达式时应注意，因为音标文本的标点符号是英文标点，直接列出标点，不用再加双引号。正确的书写格式是［,.："］

——按照第二步、第三步的操作更改说话人、编辑层属性、设置层格式、添加层。注意：层属性应与"gushi04a.exb"保持一致。

第五步：导入普通话文本"gushi04c.txt"，依照前面的操作，更改说话人、层属性、层格式。导入时，正则表达式的标点符号是中文标点，要加双引号。

第六步：粘合"gushi04a.exb"和"gushi04b.exb"两个转写文件。

——双击打开"gushi04a.exb"文件。

——单击"转写＞粘合转写"，文件选"gushi04b.exb"，按"打开"，弹出如图 3-36 所示的窗口。

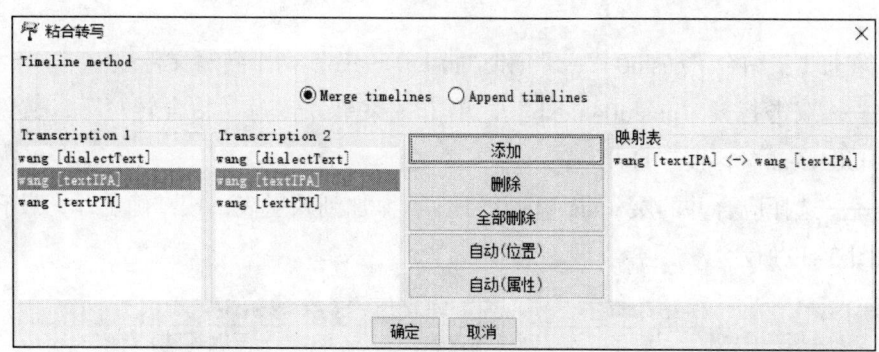

图 3-36

如图 3-36 所示，只要将转写文件 2（gushi04b）的音标层 wang［textIPA］合并到转写文件 1 中即可。因为转写文件 1 的音标层是空的。

——选中转写文件1和转写文件2的wang［text IPA］，按"添加"，移到右边的映射表中。

——按"确定"，合并后的效果如图3-37所示。

	0 [00:00	1 [00:00.0*]	2 [00:01.0*]	3 [00:02.0*]
wang [dialectText]		好了，	到得咖夜晡，	十五咖夜晡，
wang [textIPA]		hau52lɛ02,	tau35tɛ01 ka33 ia24pu01,	ʃiɛ21u52 ka33 ia24pu01,
wang [textPTH]				

图3-37

这时应注意在检查合并层后，方言句子和音标句子的事件格是否上下对齐。如果不对齐，则应使用事件工具，进行事件格的合并、拆分、删除，使之对齐。

——上图中第一层和第三层多了一个空事件格。用鼠标拖选前两格，按工具栏的合并事件按钮，变成一个事件格。变成一个事件格以后，时间轴上还是分了两个时段（合并后应该是一个时间段）。

——单击"时间轴 > 删除未用的时间轴段"，将合并后的第一个事件对应的时间段也合并，结果如图3-38所示。

——单击主菜单"文件 > 另存为"，勾选"保存格式"，将"gushi04a.exb"保存。

	0 [00:00.0*]	1 [00:01.0*]	2 [00:02.0*]
wang [dialectText]	好了，	到得咖夜晡，	十五咖夜晡，
wang [textIPA]	hau52lɛ02,	tau35tɛ01 ka33 ia24pu01,	ʃiɛ21u52 ka33 ia24pu01,
wang [textPTH]			

图3-38

第七步：粘合"gushi04a.exb"和"gushi04c.exb"两个转写文件。

——双击打开"gushi04a.exb"，单击主菜单"转写 > 粘合转写"，文件选"gushi04c.exb"，按"打开"。

——选择应合并的层wang［textPTH］，添加到映射表，按"确定"，最后结果如图3-39所示。

	0 [00:00	1 [00:00.0*]	2 [00:01.0*]	3 [00:02.0*]
wang [dialectText]		好了，	到得咖夜晡，	十五咖夜晡，
wang [textIPA]		hau52lɛ02,	tau35tɛ01 ka33 ia24pu01,	ʃiɛ21u52 ka33 ia24pu01,
wang [textPTH]		好了，	到了那天晚上，	十五那晚上，

图3-39

检查三层的每句话是否上下对齐。如有事件没有对齐，可用工具栏第二排的事件按钮，进行合并、拆分、文字移位，将每句话上下事件格对齐。如果错位太多，则检查和订正原文断句和标点，再重新导入文本，粘合转写。

二、分段文本以三行标注格式导入

从第九节学习的简单 EXMARaLDA 文本格式可知，最简三行标注文本按 Simple EXMARaLDA text file 文件类型导入 PE 以后，可直接分层对齐。

对于方言或民族文字、音标、普通话构成的三部分文本，可以将三个部分作为三行处理，前后加方括号和花括号，变成简单 EXMARaLDA 文本格式。导入以后，每部分文本各放在一个事件格里。因此，还需要进一步拆分事件，切出一个个句子。这种方法虽然略显烦琐，但可以保证每句话上下对齐。

实例 11 将"gushi05.doc"的三部分非单一文本，按标点切分句子导入 PE，添加两个层，新建转写文件并粘合。

【分析】文档内容分三部分按段落排列：方言文本、音标文本、普通话翻译文本。改成简单 EXMARaLDA 文本格式，方言文本作为转写层（T 层），不加括号，放在中间；音标文本和普通话翻译作为标注层（A 层），分别加方括号和花括号，放在方言文本的前面和后面。前面加上姓名缩写和冒号空格，另存为 UTF-8 编码的 gushi05.txt 文本文件。

【操作要点】将三部分段落文本更改为简单 EXMARaLDA 文本文件格式，导入 Simple EXMARaLDA text file，编辑层属性、层格式，拆分事件文本。

操作步骤：

第一步：更改"gushi05.doc"的内容排版格式。

——打开"gushi05.doc"，去掉分段回车符，将音标部分移到方言文本前面，用方括号括起来，将普通话部分用花括号括起来。在整个文段开始位置，插入姓名缩写 wang、冒号、空格。

——将 doc 文件另存为纯文本（*.txt）文件"gushi05.txt"，字符编码用 Unicode（UTF-8）。

第二步：导入格式重排的文本文件。

——运行 PE，单击主菜单"文件 > 导入"，文件类型 simple EXMARaLDA text file（*.txt），字符编码 UTF-8，将文件"gushi05.txt"导入。

——单击主菜单"转写 > 说话人登记表"，更改说话人缩写。

——编辑层属性：方言层，类型 T，范畴 dialectText；音标层，类型 A，范畴 textIPA；普通话层，类型 A，范畴 textPTH。结果如图 3-40 所示。最后保存转写文件"gushi05.exb"。

```
好啦，他人个个吃饭格时候，歇客格时候，过节格时候，老大人嘞冇办法喇，拿
啊挖啊，唔觉得呢，快到半夜过啰。老大人呢，挖难得，放落镢头，坐得垠头墈
```

wang [textIPA]	hau52la02 thε33ŋ01 kuo35kuo01 tha21fε24 ʃiε21khε21 kε02 sŋ11houC
wang [dialectText]	好啦，他人个个吃饭格时候，歇客格时候，过节格时候，老大人嘞
wang [textPTH]	好了，人家家家吃饭的时候，招待客人的时候，过节的时候，老人

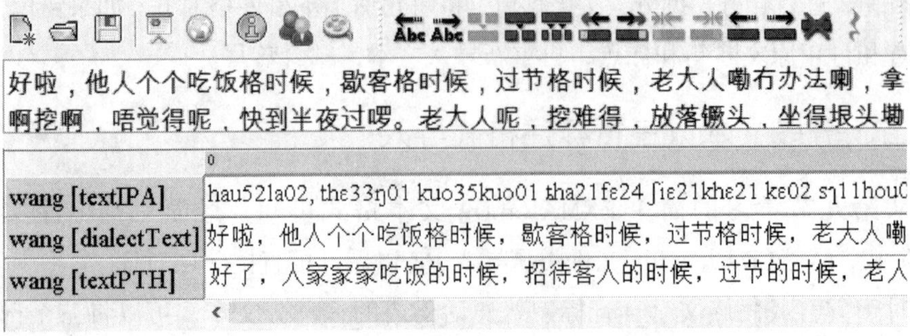

图 3-40

第三步：拆分事件。

——选中第一层第一个事件，点击需要断句的标点符号处，按工具栏拆分事件按钮 ▦▦。再选中第二层第一个事件，在相应的标点符号处，按拆分事件按钮。最后选中第三层第一个事件，在相应的标点符号处，按拆分事件按钮。逐层、逐句拆分文本，直至拆分完毕。

——单击主菜单"转写 > 录音文件"，加入"gushi05.wav"音频文件。

——另存转写文件"gushi05.exb"，保存格式。

第十二节　时间轴插值：自动切分音段和绑定事件

> 本节重点掌握的菜单命令和工具：
> 时间轴 > 时间轴插值
> 鼠标滚轮微调选段边界线
> 时间轴 > 删除插值
> 时间轴 > 删除未用的时间轴段
> 时间轴 > 确认时间轴事件

前面几节学习了用手动方法一个一个拖选话语音段，关联和绑定事件文本。这种操作比较费时。有的录音话语流畅，每句话时间间隔大体相当，这时可以用时间轴插值的方法进行自动切分音段和绑定文本事件。

时间轴插值原理是：系统根据事件格的数目自动切分和分配音段。例如，转写文本有 10 个事件，录音时长 20 秒，系统就将 20 秒自动分配给 10 个事件。若平均分配，则每个事件分配 2 秒。若根据事件文本长短来分配，则文字多的多分

配时间，文字少的就少分配时间。这种方法在一定程度上减轻了工作量。

实例 12 有一个彝语 20 句的简单 EXMARaLDA 文本文件"20sentYi.txt"，将它导入 PE，加入音频文件"20sentYi.wav"，用时间轴插值自动切分音段和同步事件。

【分析】句子录音 20 句，每句话长短大体相当，中间有停顿。可选择按句子长短来分配音段切分段。记录文本是三行标注，包括音标、普通话词对译、普通话句译，其中普通话词对译作为转写层（T）。

【操作要点】导入 Simple EXMARaLDA text file 文件，编辑层属性，设置层格式，时间轴插值，删除插值，微调选段边线。

操作步骤：

第一步：导入文本，加入音频文件。

——单击主菜单"文件 > 导入"，在弹出的导入文件窗口，文件"20sentYi.txt"；文件类型 Simple EXMARaLD text file（*.txt），字符编码 UTF-8，按"打开"导入文本。

——单击主菜单"转写 > 录音文件"，弹出编辑媒体窗口，按"Add"读入"20sentYi.wav"音频文件，按"OK"。

第二步：编辑层属性，设置层格式。

——编辑层属性：音标层，类型 A，范畴 sentIPA；普通话词对译层，类型 T，范畴 wordPTH；普通话句译层，类型 A，范畴 sentPTH。

第三步：时间轴插值。

——单击主菜单"时间轴 > 时间轴插值"，弹出对话框（图 3-41）。

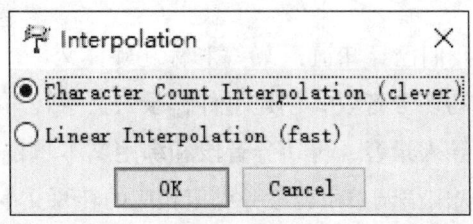

图 3-41

——单选第一项：字符计算插值。按"OK"完成插值。回到主页。

——单击时间轴 0 号时段，可见波形切出的第一个音段已与对应文本事件绑定。但右边线不准确（图 3-42）。

——将鼠标置于右边线内侧，拨动滚轮，调节边线位置。

——选中下一个时间轴事件，继续检查边界线是否正确，位置不准再微调。如发现时间轴插值都不准，单击主菜单"时间轴 > 删除插值"，可删除插值。

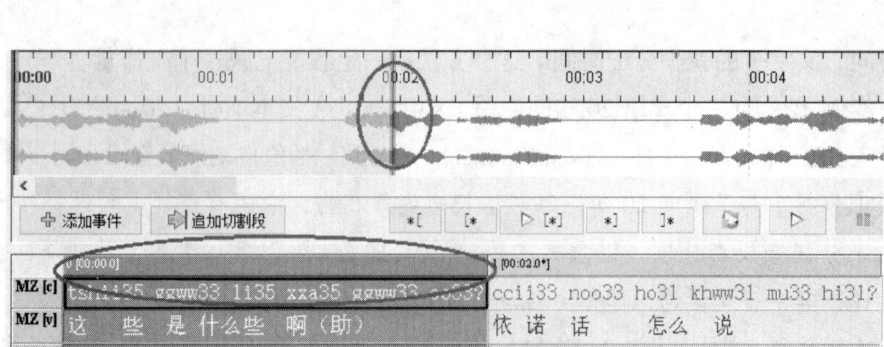

图 3-42

——经过微调后，边线位置正确，可确认该段插值。选中这个时段，单击主菜单命令"时间轴＞确认时间轴事件"，这时可发现原来时间上的星号"*"消失。

第十三节　时间轴简单对齐：快速切音和绑定事件

> 本节重点掌握的菜单命令：
> 文件＞导入
> Simple EXMARaLDA text file
> 时间轴＞简单对齐
> 格式＞打开格式表

通过前面的学习我们已经知道，转写和标注媒体文件，有两种操作流程：一是先导入录音，再手动切分音段，创建事件，录入文字转写；二是先录入或导入转写标注文本，然后导入录音，再切分音段和绑定文本事件。无论采用哪种工作流程，在声音波形中选出语调单位音段并绑定相应的转写文本，是最重要的操作。

EXMARaLDA PE 的"简单对齐"功能，可以快速地切分音段和绑定文本。它的原理是：系统按时间顺序类似电影字幕那样显示转写层的每个事件文本，每次显示一个事件，同时播放录音，读者一边看字幕，一边听录音，听到播完一条字幕，单击空格键，即可切出对应的语句音段并绑定。

实例 13　导入"20sentYi.txt"彝语句子文本和"20sentYi.wav"音频文件，用简单对齐方法同步切分和绑定句子。

【分析】见实例 12。

【操作要点】导入 Simple EXMARaLDA text file 文件，编辑层属性，设置层格式，时间轴简单对齐。

操作步骤：

第一步：导入文本，加入音频文件。具体操作见实例 12。

第二步：编辑层属性，设置层格式。具体操作见实例 12。

第三步：时间轴简单对齐。

——单击时间轴 0 号时段。

——单击主菜单"时间轴 > 简单对齐"，弹出简单对齐窗口，调整窗口至合适大小，放在主界面合适位置，不要遮住主界面的语音波形，如图 3-43 所示。

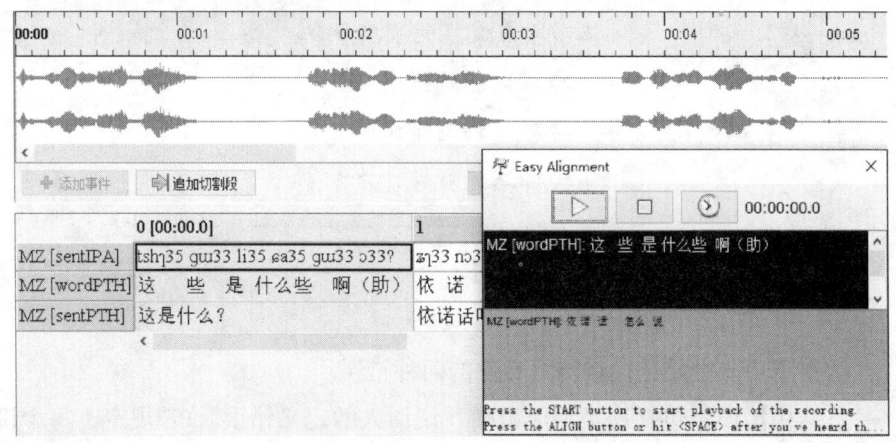

图 3-43

图中时间轴 0 号时段变成黄色，Easy Alignment 窗口黑底黄字区内，显示转写层（T 层）第一个事件，下面的灰色区显示下一个事件。窗口上面有播放、暂停、对齐按钮，窗口下端是按键操作提示。

——鼠标移至播放键，手指放在空格键，眼睛看着窗口黑屏区的黄色文字。

——按下播放键，开始播放录音，当听到黑色区的话语结束时，即时单击空格键，波形中同步切出一个音段，左右边线变成蓝色。黑色区显示下一个事件文本，一听到这句话结束，再次单击空格。依次操作，直至全部播放完毕。

——按对齐时钟按钮，将切分音段和事件绑定，回到主界面。

——选中时间轴任意一个时段，可见左右边界线已变成了绿色和红色。

——单击主菜单"文件 > 另存为"，勾选"保存格式"，将转写文件"20sentYi.exb"另存。

——单击主菜单"格式 > 格式表另存为"，另外单独保存一个格式表文件"20sentYi.exf"。格式表文件保存了每个层的字库、字形、字号等层格式信息。

利用格式表，可以避免每次设置层格式。

与前节的时间轴自动插值相比，时间轴简单对齐操作的结果准确率要高得多。

应指出的是，为了便于一边听录音一边浏览黑色区的字幕，建议将字幕显示的层类型设为转写层（T型），因为字幕只能显示T型层的文字。本例中，最好是将音标层类型设为T，以便一边听录音，一边看音标，即时按键断句。

第十四节　自动检查转写错误

> 本节重点掌握的菜单命令：
> 转写 > 结构错误
> 转写 > 切割错误
> 编辑 > 偏好设置 > 切割

一、查找错误

自动查错功能主要是检查转写文件的两种错误。

一是结构错误，包括层类型、范畴、说话人的定义错误。PE规定，每个说话人必须有而且只能有一个转写层（T型），但可以有多个标注层（A型）。每个标注层必须有它所依赖的转写层。某位说话人有几个转写层，或某个说话人没有转写层，都属于结构错误。一个标注层没有对应的转写层，同样是结构错误。

二是切分错误，包括时间轴有无多余或无用的时段，事件和时段的对应绑定错误。PE规定，转写层每个事件在时间轴上必须有对应的时间段。如果转写层和标注层有事件在时间轴上没有对应时间段，则属于切分错误。

实例14　查找转写文件"dialogYi.exb"的结构错误，然后改正。

【分析】略。

【操作要点】略。

操作步骤：

——打开文件夹Example14的转写文件"dialogYi.exb"，单击主菜单"转写 > 结构错误"，弹出错误提示：一个说话人不止一个转写层，如图3-44所示。

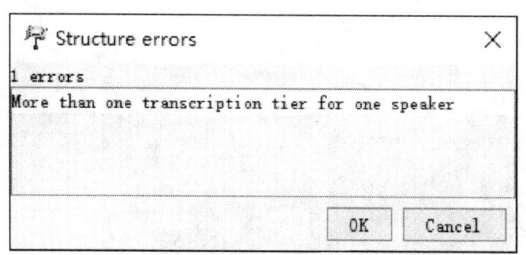

图 3-44

——单击主菜单"层>编辑层",弹出编辑层窗口,如图 3-45 所示。图中可见,说话人 AL 有 2 个转写层(T 型):AL[IPA]、AL[Chinesetrans],属于结构错误。纠正方法:将其中一个转写层的类型改为标注型(A)。本例将 AL[Chinesetrans]层类型改为标注层。

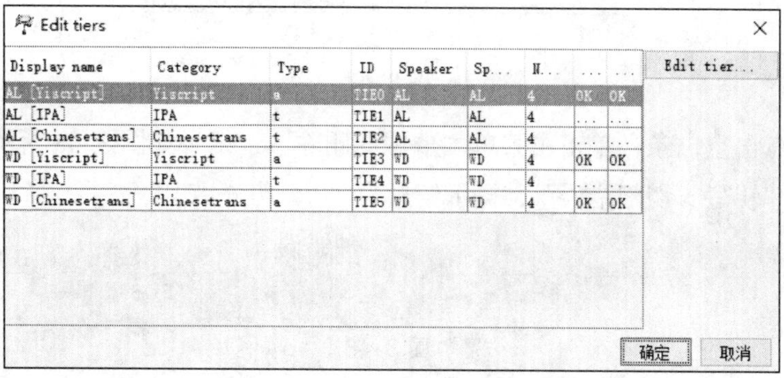

图 3-45

——单击列表 AL[Chinesetrans]层,点击 Edit tiers,弹出编辑层属性窗口,将类型更改为 Annotation。再单击主菜单"转写>结构错误",已不见错误提示信息。

实例 15 查找转写文件"dialogYue.exb"的切分错误,然后改正。

【分析】切分错误是检查时间轴切分段是否存在无对应事件,或存在无用的时段。软件内置了几种切分方案(HIAT、DIDA、GAT2、IPA、CHAT)。预先设置选择其中某个方案,系统将对照这个方案检查切分错误。

【操作要点】略。

操作步骤:

——打开"dialogYue.exb"转写文件,单击主菜单"转写>切割错误",弹出如图 3-46 所示的错误提示信息:错误出现在 speaker3 层,编号 11 时段,错误类型为有空字符串事件。

图 3-46

——回到主界面，找到 speaker3 层对应时间轴编号为 11 的切割段。如图 3-47 所示，时间轴第 9、第 10 两个时段下有空白条，里面是空格字符，应删除。

图 3-47

——点击空白条，单击主菜单"事件 > 删除"，结果如图 3-48 所示。再次单击主菜单"转写 > 切割错误"，提示信息为"0 个切分错误"。

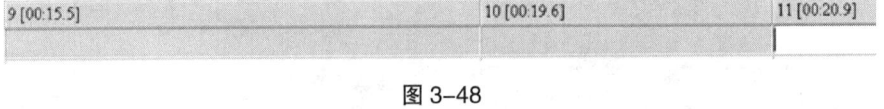

图 3-48

二、转写切割规则

1. 基本转写和切割转写

EXMARaLDA PE 有两种转写格式：基本转写和切割转写。PE 创建的转写是基本转写，文件后缀 exb。基本转写的每个事件都是一个切分段，事件左右边界在时间轴上都标记了时间点。PE 还有一种切割转写文件，文件后缀是 exs，不能打开查看，它记录切分段和时间信息。

2. 切割规则

PE 内置了几种转写规则。如果预设了转写规则，则在切分音段和事件时，系统根据规则进行检查。对事件和转写文本的分析也是基于规则进行。

设置切割规则的菜单命令：编辑 > 偏好设置 > 切割

预置了 8 个转写切分方案。

（1）GENERIC。系统根据空格或其他字符识别单词。软件无法对汉语转写文本自动分词。要让软件识别中文词，必须在打字录入时就空格分词。音标注音也必须根据正词法规则打字录入。选择这个方案，系统可以自动生成转写层的段链列表和单词列表。

（2）HIAT。系统根据规则识别语句、单词、话语中的停顿、非语音片段。标点符号作为分隔符也被识别和切分出来。此规则无法识别中文标点。如果要系统能够中文断句，建议句子标点符号用英文。

（3）DIDA。这个方案可识别单词、停顿，其他字符作为切分标记。

（4）GAT。这个方案可识别语调单位。

（5）cGAT MINIMAL。这个方案除了可识别语调单位外，还可识别一些细节现象。

（6）CHAT。根据标点符号识别话语。

（7）CHAT MINIMAL。这个方案为最简单的 CHAT 转写规则。

（8）IPA。根据空格或句点识别音节。国际音标单词之间留空，音节之间用句点标记。

三、GAT2 转写规则要点选编

1. 词

不大写，数字用全名，不用数字字符。

单词内部出现标点符号，缩写之间不用圆点，用下划线。

2. 停顿

短停顿，用圆括号加圆点，例如：(.)。长停顿，用圆括号加十进制秒。例如：(0.85)。

3. 不确定的话语 / 无法理解的话语

从上下文猜测可能是但不确定是某个具体的词，用圆括号。例如：(whatever)。

也可以用斜线在括号里列出几个可能的词。例如：(cat/bat/mat)。

听不懂是何词何字何意的，用"+"号代替，有多少个字就用多少个"+"号。

整句或整段话语无法理解的，用((unintelligible))表示。

4. 其他现象

吸气声，用 ^{0}hhh；呼气声，用 hh^0。h 的个数根据呼吸长短而定。

吞音，用下划线。例如：we_re。

非语音声音，用双圆括号。例如：((笑))。

第十五节 提取转写层的词表

> 本节重点掌握的菜单命令：
> 转写 > 词表
> 转写 > 统计切割段

PE 可以从转写文本中提取单词并生成 html 网页格式的词表。例如，转写文本是英文句子，系统根据单词之间的空格提取英文单词并生成词频表。对于中文转写文本，通常无法提取中文单词。如果输入中文时，词之间有空格，则可以提取中文词表。建议录入中文、音标、拼音或民族文字时，尽可能用空格分词。

提取词表的操作只对转写层（T型）有效。要提取标注层的词表，只需临时将该标注层的类型改为 T 型，将原来的转写层改为 A 型即可。

实例 16 从转写文件"sentYi.exb"中分别提取音标词表和中文词表。

【分析】将音标层类型改为 T 层，其他层改为 A 型。再将中文词对译层的类型改为 T 型，其他层改为 A 型。

【操作要点】略。

操作步骤：

——双击打开 Example16 文件夹的转写文件"sentYi.exb"，单击主菜单"转写 > 词表"，弹出如图 3-49 所示的音标词表。按"Save as"，将词表另存。

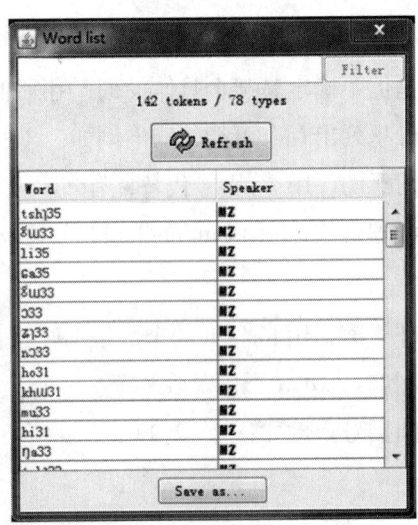

图 3-49

——单击MZ［WORD］层，按鼠标右键菜单"层属性"，将类型改为T，按"确定"。再单击MZ［IPA］层，按鼠标右键菜单"层属性"，将类型改为A，按"确定"。

——单击主菜单"转写＞词表"，弹出如图3-50所示的词表，按"Save as"保存中文词表。

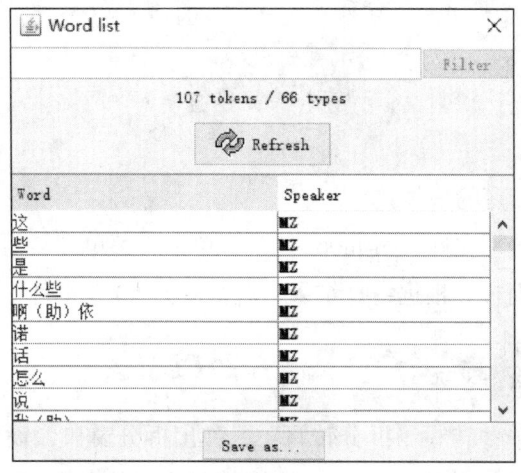

图3-50

第十六节　拆分转写和音频文件

> 本节重点掌握的菜单命令：
> 转写＞拆分转写
> 转写＞拆分音频

一、转写文件粘合和拆分

粘合转写分两种情况：一是将一个转写文件的某一个或几个层，合并到另一个文件的某个或几个层。它要求两个文件要合并的层的属性和格式必须相同。前面第十一节学习了这种粘合操作。二是将一个转写文件拼接在另一个转写文件的末尾。这种操作比较简单。

拆分转写，就是将一个转写文件的转写标注文本拆成几个部分，分别另存为几个转写文件。它的好处是，可以将一个长时录音的空转写文件由几个转写员分开转写，最后再合并起来。

PE 按时间轴的时段来拆分转写。例如，转写文件的时间轴切出了 300 个时段，要将它分成两个文件，可以设定两个拆分文件各应包括多少个时段。

实例 17　将转写文件"gushi06.exb"拆分为 3 个转写文件，然后再将拆分文件追尾拼合成一个文件。

【分析】先打开文件，查看转写切分了多少事件，要拆分为 3 个文件，每个文件至少应包括多少事件。粘合拆分的 3 个文件时，应从每个文件末尾连接，每次粘合 2 个文件。

【操作要点】统计切割段，拆分转写，粘合转写。

操作步骤：

第一步：查看转写的事件数目。

——双击打开转写文件"gushi06.exb"，单击主菜单"转写 > 统计切割段"，弹出统计结果信息面板。根据统计结果，转写层共 50 个事件。拆分为 3 个文件，每个文件约 17 个事件。

第二步：拆分转写文件。

——单击主菜单"转写 > 拆分转写"，弹出拆分窗口，设置时间轴事件段的数量为 17，拆分文件的存储目录 Example17，基本文件名设为 gushiFY，如图 3-51 所示。系统将按"基本文件名 + 序号"给拆分的文件命名 gushiFY1、gushiFY2、gushiFY3。

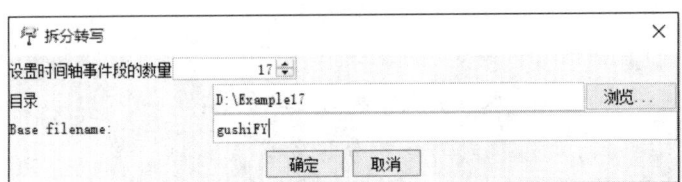

图 3-51

——按"确定"后，可看到拆出了 gushiFY1、gushiFY2、gushiFY3 三个转写文件。

——分别打开这三个文件，查看时间轴事件段的数目是否正确。

打开拆分的转写文件时，层格式发生了变化，这时单击"时间轴 > 打开格式表"，导入"gushi06.exf"格式表文件，恢复原来的字库、字形、字号，另外保存，"勾选保存格式"。

拆分转写只是将转写文件拆成几个文件，并没有同步拆分音频文件。

第三步：粘合拆分的文件。

——打开"gushiFY1.exb"文件，单击主菜单"转写 > 粘合转写"，选文件"gushiFY2.exb"粘合，按"打开"，在弹出窗口中选"追加时间轴"（Append timelines），再将两个文件对应的层添加到映射表，按"确定"将两个文件粘合，如图3-52所示。

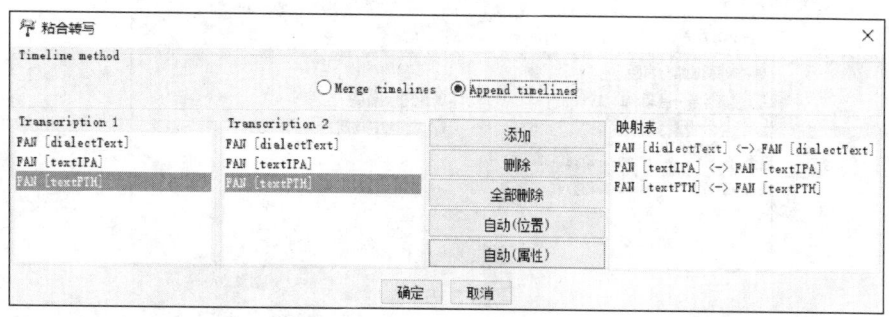

图 3-52

——再单击主菜单"转写 > 粘合转写"，选文件"gushiFY3.exb"，按"打开"，在弹出窗口中选"追加时间轴"（Append timelines），将对应的层添加到映射表，按"确定"将它粘合。

——单击"格式 > 打开格式表"，将格式文件"gushiFY.exf"导入，恢复原来格式字体字号。

——将鼠标移至转写层末尾，检查最后时间轴的切分段数目是否正确。

——将当前的"gushiFY1.exb"另存，勾选"保存格式"。

二、拆分音频文件

实例 18 将转写文件"gushi01.exb"的录音"gushi01.wav"拆分为句子碎片音频文件。音频文件按转写事件文本命名。

【分析】已经转写并且同步绑定的音频文件，可根据时间轴的段链，拆分为若干碎片音频文件。通常碎片音频文件用转写层事件命名。如果要以标注层事件命名音频文件，则应先将标注层类型改为 T 型，把原来的 T 型层临时改为 A 型。

【操作要点】略。

操作步骤：

——双击打开文件夹 Example18 的转写文件"dialogYi.exb"。

——单击主菜单"转写 > 拆分音频"，弹出拆分音频设置窗口。拆分方式有两种。

（1）按时间轴拆分音频，就是按时间轴上的时间段数目将音频拆分为同等数目的碎片音频文件。拆分的音频文件用"基本名 + 序号"命令。系统默认基本名 AudioSnippet。基本名可以更改。

右边有两个选项：链接到新层，就是自动另外添加一个层，与时间轴一致，链接音频；不连接任何层，就是不自动添加新的层。

（2）按事件拆分音频，就是按用户设定的层的事件数目将音频拆分为同等数目的碎片音频文件。拆分的音频文件用事件文字命名。

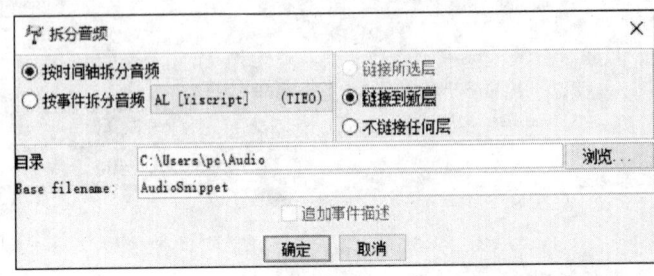

图 3-53

——单击选"按时间轴拆分音频"和"链接到新层"，存放目录和基本名不变，按"确定"。可见到 PE 主页面底下添加了一个新的层。

——打开存放音频的文件夹，可看到 AudioSnippet_0001，AudioSnippet_0002 等音频文件。

——再单击主菜单"转写 > 拆分音频"，这次单选"按事件拆分音频"和"不链接任何层"。目录和基本名不变，勾选"追加事件描述"，意思是拆分的音频文件命名，在"基本名 + 序号"后面再加上事件文字。按"确定"。查看存放音频的文件夹，看看音频文件名是否不同。

按事件拆分音频时，无法以中文命名音频文件。如果要以中文转写命名拆分的音频文件，建议将中文转写层导出为 Audacity 标签文件，再利用 Audacity 软件按本书第 15 页的"导出标签碎片音频"进行操作。

第十七节　转写的浏览格式转换

本节重点掌握的菜单命令：
转写 > 格式转换
事件分栏编排格式
事件分行编排格式

PE 编辑器输入的转写标注文本，可以按多种排版方式显示和浏览。例如，将各层的事件文本按栏排列，每层排成一栏；也可以按通常的分行标注格式排列，还可以按 PE 内置的格式规范排列。菜单命令"转写 > 格式转换"，提供了以下显示和浏览格式，如图 3-54 所示。

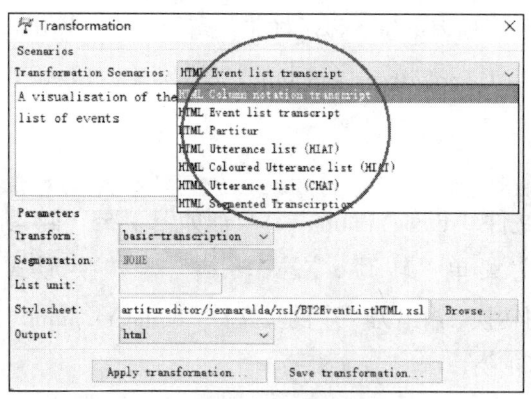

图 3-54

Scenarios（脚本）区：列出了各种可视化文本版式。

HTML Column notation transcript：按时间轴顺序，分列编排转写文本。

HTML Event list transcript：按时间轴顺序，分行编排事件文本。

HTML Partitur：软件默认的曲谱编排格式。

注明（HIAT）的格式是按 HIAT 转写规则的转写文本编排格式。

HTML Segmented Transcirption: 对已切分的转写进行编排。

Parameter（参数设置区）：选项列表和用户输入参数。

Transform：列出了几种转换形式。如基本转写、切分转写、列表转写、TEI 等格式。

Segmentation：转换时使用哪种切分规则。这个参数只有在第一个参数为切分转写和列表转写时有效。

List unit：列表单位。这个参数只有在第一个参数选择列表转写时有效。

Style sheet：样式，输出网页的显示格式。可以选择一种网页样式文件 xsl，如果留空，则默认输出 xml 文件。

Output：输出文件格式。有 html，xml，txt 或其他格式。

实例19 将转写文件"dialogYi.exb"的转写转换为分栏和分行显示浏览格式。

【分析】分栏是每层事件排成一列，分行是每层的每个事件单独占一行，上下对齐。

【操作要点】略。

操作步骤：

第一步：设置显示版式并输出网页文件。

——打开"dialogYi.exb"文件，单击主菜单"转写>格式转换"，弹出转换格式窗口，如图 3-54 所示。转换方案选 HTML Colomn notation transcript，转换形式选基本转写、切分、列表单位、显示样张保留缺省值，输出选 html。

——按应用转换（Apply transformation），文件名"dialogYi.html"，按保存，输出网页。

第二步：浏览网页。

——打开网页文件"dialogYi.html"，页面如图 3-55（a）所示。

——再单击主菜单"转写>格式转换"，转换形式选 HTML Event list transcript，点击应用转换，输出另一个网页文件"dialogYi2.html"，页面为分行标注，效果如图 3-55（b）所示。

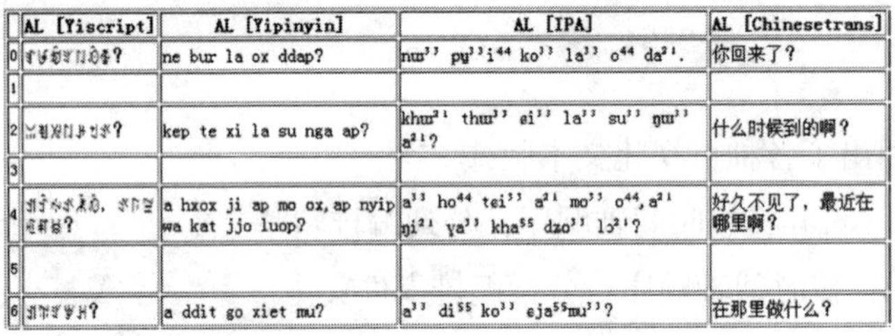

AL [Yiscript]	AL [Yipinyin]	AL [IPA]	AL [Chinesetrans]		
0	ꊿꀋꉂ？	ne bur la ox ddap?	nɯ³³ pu³³i⁴⁴ ko³³ la³³ o⁴⁴ da²¹.	你回来了？
1					
2	ꈌꄸꑝꌠꇰꀞ？	kep te xi la su nga ap?	khɯ²¹ thɯ³³ ei³³ la³³ su³³ ŋɯ²¹ a²¹？	什么时候到的啊
3					
4	ꀊꉹꐚꀎꃀꀉꐰ，ꃤꀊꐚꇌꈍ？	a hxox ji ap mo ox, ap nyip wa kat jjo luop?	a³³ ho⁴⁴ tei³³ a²¹ mo³³ o⁴⁴, a²¹ ɲi²¹ ɣa³³ kha⁵⁵ dzo³³ la²¹？	好久不见了，最近在哪里啊？
5					
6	ꀊꄸꇬꑝꃅ？	a ddit go xiet mu?	a³³ di⁵⁵ ko³³ eja⁵⁵mu³³？	在那里做什么？

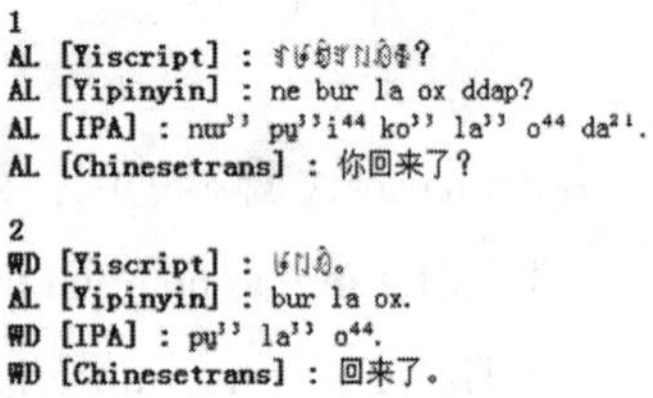

1
AL [Yiscript] ：ꊿꀋꉂ？
AL [Yipinyin] : ne bur la ox ddap?
AL [IPA] : nɯ³³ pu³³i⁴⁴ ko³³ la³³ o⁴⁴ da²¹.
AL [Chinesetrans] : 你回来了？
2
WD [Yiscript] : ꀋꉂ.
WD [Yipinyin] : bur la ox.
WD [IPA] : pu³³ la³³ o⁴⁴.
WD [Chinesetrans] : 回来了.

（a）　　　　　　　　　　　　　　　　（b）

图 3-55

读者可以改变转换形式，看输出的页面排版有什么不同。

第三步：将分栏网页文件转换为 Excel 电子表。

图 3-55a 转换的分栏网页文件是表格形式。这种网页文件可以直接用 Excel 打开，变成 xls 电子表。

——新建并打开一个 Excel 电子表，单击打开，文件名"dialogYi.html"，类型列表选全部网页（*.htm;*.html;*.hmtml），点击"打开"，可将网页表格读入 Excel 表。

第十八节　转写的可视化网页输出

> 本节重点掌握的菜单命令：
> 编辑 > 版面设置
> 文件 > 输出
> 输出纯网页文件
> 输出多媒体网页文件

前一节学习了转写文本的显示格式转换。这一节的可视化输出功能和它有些类似，不同的是，输出文件格式既有不同显示风格的网页格式，也有文本格式；网页格式既有纯文字网页，也有带音频或视频播放的多媒体网页。PE 的"输出"提供了丰富的文件格式。

（1）HTML Partitur（*.html）：默认的曲谱式网页文件。

（2）RTF Partitur（*.rtf）：带格式的富文本文件格式。

（3）SVG Partitur（*.html）：可缩放矢量图形网页文件格式。

（4）XML Partitur（*.xml）：默认的曲谱式 xml 文件格式。

（5）HTML Segment Chain List（*.html）：段链列表的网页文件格式。

（6）Free Stylesheet Transfromation（*.html）：任意样式的网页文件格式。

（7）HTML Partitur + HTML5 Video/Audio（*.html）：曲谱式带音视频播放 H5 网页格式。

（8）HTML Partitur + Flash Player（*.html）：曲谱式带 Flash 播放器网页格式。

（9）HTML Segment Chain List + HTML5 Audio（*.html）：段链列表带 H5 音频播放网页格式。

（10）HTML Segment Chain List + Flash Player（*.html）：段链列表带 Flash 播放器网页格式。

（11）GAT transcript（*.txt）：基于 GAT 规则的转写文本格式。

（12）Simple text output（*.txt）：简单文本输出格式。

实例 20 将转写文件"dialectStory.exb"输出上面（1）、（8）、（12）三种网页文件格式。

【分析】文件格式（8）是带音频播放的网页。网页音频文件必须是 mp3 格式。PE 默认 Flash 播放器。电脑没有安装 Flash 播放器，则无法播放录音。文件格式（12）是纯文本文件，只包含转写层（T）文本。输出页面大小可在编辑菜单的版面设置中更改。

【操作要点】加入 mp3 音频文件，版面设置，输出。

操作步骤：

第一步：加入 mp3 音频，输出纯文字网页。

——打开"dialectStory.exb"文件，单击主菜单"转写>录音文件"，在弹出的编辑媒体文件窗口中，按"Add"加入"dialectStory.mp3"文件，同时选中 wav 和 mp3 两个文件，按"OK"。

——单击主菜单"文件>输出"，文件名"dialectStory"，文件类型选 HTML Partitur（*.html），Range 选 everything，选择"边框"，按"保存"，输出纯文字的网页，如图 3-56 所示。如果没有上一步链接 mp3 文件，系统会弹出没有 mp3 文件链接的提示信息。

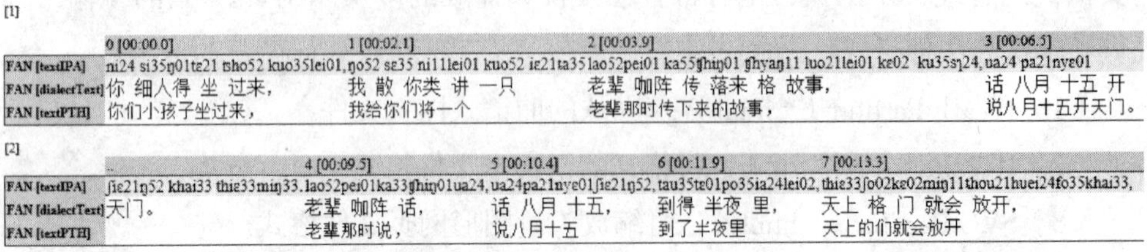

图 3-56

第二步：输出带音频播放的网页。

——单击主菜单"文件 > 输出"，文件名"dialectStory"，文件类型 HTML Partitur + Flash Player（*.html），按"保存"，输出带音频播放的网页，效果如图 3-57 所示。

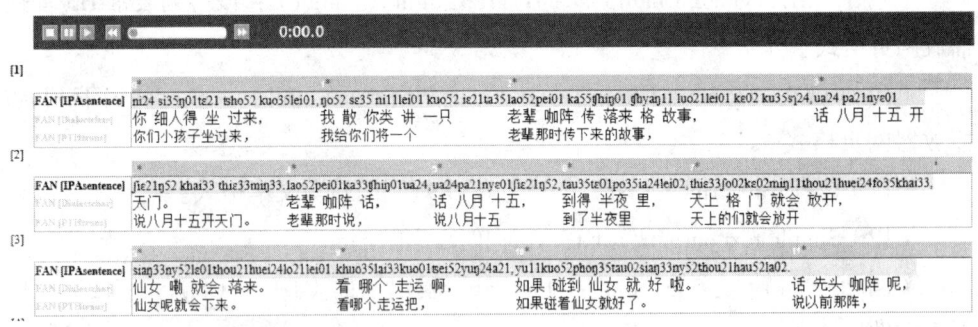

图 3-57

第三步：将三层分开输出为三个简单文本。

——单击"文件 > 输出"，文件名"dialectStory"，文件类型选 Simple text output（*.txt），保存文件。文本文件内容是音标文本。

——单击"FAN [dialectText]"层，按鼠标右键菜单"层属性"，将类型改为 T。再将 textIPA 层的类型改为 A。然后，单击"文件 > 输出"，文件名"dialectStory1"，文件类型选 Simple text output（*.txt），保存文件。这个文本文件内容是方言文本。

——按此操作，将 FAN [textPTH] 层类型改为 T，其他层类型改为 A。然后再输出文本文件"dialectStory2.txt"，这个文本文件的内容是普通话翻译。

第十九节 文件导出：与 Audacity 数据互用

> 本节重点掌握的菜单命令：
> 文件 > 导出
> Audacity 标签文件
> Audacity 软件导出标记

PE 有输出（output）和导出（export）两个命令，前者输出可视化网页文件，后者导出其他软件如 ELAN、Praat、Audacity、Transcriber、CHAT、TASX、Anvil 可接受的数据文件。导出的文件格式如下：

（1）ELAN annotation file（*.eaf）：ELAN 软件的标注文件。

（2）Praat text grid file（*.textGrid）：Praat 软件的标注文件。

（3）FOLKER transcription file（*.flk）：FOLKER 软件的标注文件。

（4）TASX annotation file（*.xml）：TASX 软件的标注文件。

（5）Annotation Graph file（*.xml）：图示标注文件，Anvil、Transformer、MAVVissta 等软件可用。

（6）TEI file（*.xml）：基于 TEI 编码的标注文件。

（7）CHAT annotation file（*.cha）：CHAT 语料库标注文件，CLAN 软件可打开。

（8）Audacity label file（*.txt）：音频软件 Audacity 的标签文件。

（9）Tree tagger output（*.txt）：TreeTagger 词类标注软件的文件。

（10）F4 transcript（*.txt，*.rtf）：F4 转写软件可打开的文本文件和富文本文件。

实例 21 将彝语对话"dialogYi.exb"转写文件导出 Audacity 标签文件，再将标签文件和音频文件导入 Audacity 软件。

【分析】PE 导出的 Audacity 标签文件的内容是按层排列，先排第一层文本，再排第二层文本。而 Audacity 导出的标签文件，按音段分行上下对齐排列。参见第二章第三节。

【操作要点】PE 导出 Audacity label file，Audacity 软件导入标记命令。

操作步骤：

第一步：导出 Audacity 标签文件。

——打开"dialogYi.exb"，单击主菜单"文件 > 导出"，文件名："dialectYi"，文件类型选 Audacity label file（*.txt），保存文件。

——打开标签文件，全部复制粘贴到 doc 文件。查看文本内容的排列方式。

第二步：在 Audacity 中导入音频和标签文件。

——运行 Audacity，将音频文件"dialogYi.wav"拖入窗口。

——单击"文件 > 导入 > 标记"，读入"dialogYi.txt"文件。效果如图 3-58 所示。

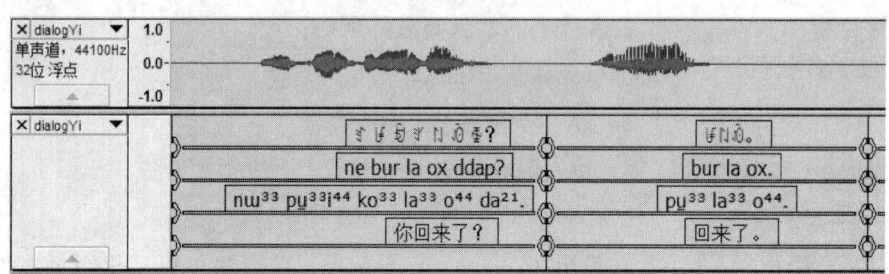

图 3-58

第三步：在 Audacity 中导出标记。

——单击"文件 > 导出标记"，另存为"dialogYi01.txt"。

——打开这个标记文件，查看里面文本的排列方式，与 PE 导出的标签文件进行比较，看看有什么不同。

第二十节　文件导出：与 ELAN 数据互用

> 本节重点掌握的菜单命令：
> 文件 > 导出
> ELAN 标注文件

ELAN 也是国外比较流行的一种多媒体转写标注软件，它的标注文件后缀是 eaf。ELAN 的数据文件和 EXMARaLDA PE 一样，都采用 xml 置标语言，通过"层"来组织数据。PE 分层属性和层格式，ELAN 将它们都作为层属性。PE 的"事件（event）"相当于 ELAN 的"标注（annotation）"。PE 可以导出 ELAN 的标注文件（*.eaf），但 ELAN 不能导出 PE 的转写文件。

实例 22　从转写文件"dialogYi.exb"导出 ELAN 标注文件，然后导入 ELAN。

【分析】导出的 ELAN 标注文件应和录音放在同一目录。ELAN 的"层"也定义了若干属性。PE 的"范畴"相当于 ELAN 的"语言学类型"；PE 的 T 型层相当于 ELAN 的父层。导入 ELAN 后，也可以修改层属性。电脑中应安装 ELAN 程序。

【操作要点】略。

操作步骤：

第一步：在 PE 中导出 eaf 标注文件。

——打开"dialogYi.exb"文件，单击"文件 > 导出"，文件名"dialogYi.eaf"，文件类型选 ELAN annotation file（*.eaf）。

第二步：在 ELAN 中查看层属性。

——双击"dialogYi.eaf"，在 ELAN 中打开文件，界面如图 3-59 所示。图中彝文没有显示。双击任意文本段，会出现一个白色的文字条格。这就是 ELAN 的一个标注，相当于 PE 的一个事件。单击任意标注，可同步选中波形中的对应音段。

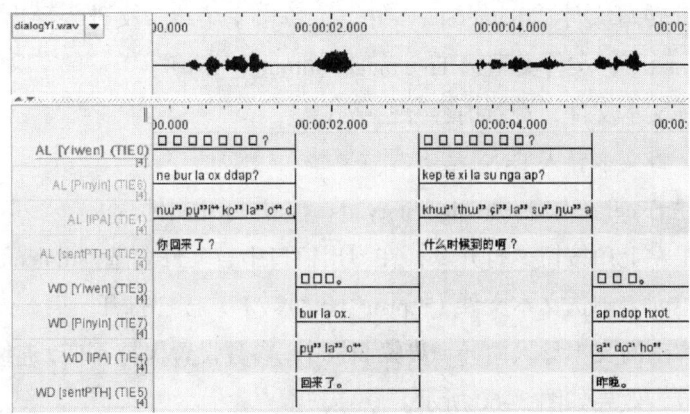

图 3-59

——双击 AL［Yiwen］彝文层名，变成红色，按鼠标右键菜单"更改此层属性"，弹出更改层属性窗口。上面是层属性列表，下面是属性修改条格。

——单击左下角"更多选项"按钮，在弹出面板中按"层字体 > 浏览"，在弹出的字体列表中选择字库 Microsoft Yi Baiti，按"应用 > 改变"，显示彝文。依次操作，双击 ML［Yiwen］层名，将该层的字库更改为彝文。

第二十一节　文件导出：与 TreeTagger 数据互用

> 本节重点掌握的菜单命令：
> 文件 > 导出
> Tree tagger output

TreeTagger 是词类标注软件，它可导出带 Tab 制表符的分栏排列文本。PE 也可以导出 TreeTagger 能使用的分栏文本。这种分栏文本文件可以直接用 Excel 表打开，变成 xls 电子表格。

实例 23 将转写文件"dialectStory.exb"输出 Tree tagger 文本，并用 Excel 打开，存为 xls 电子表格。

【分析】Tree tagger 文本每栏之间有间隔符，Excel 可以根据间隔符将文本分列。

【操作要点】略。

操作步骤：

第一步：导出 Tree tagger output 文本文件。

——打开转写文件"dialectStory.exb"，单击主菜单"文件 > 导出"，文件名"dialectStory.txt"，文件类型选 Tree tagger output（*.txt）。

——打开文本文件，查看内容分栏格式。

第二步：将文本导入 Excel 表。

——新建 Excel 工作表"dialectStory.xls"，并打开文件。

——单击左上角按钮"打开"，在弹出窗口中，文件名选"dialectStory.txt"，文件类型下拉列表中选文本文件（*.prn;*.txt;*.csv），按"打开"。

——在弹出的文本导入向导–步骤面板中，参数设置保持不变，连续按下一步，直至最后完成，效果如图 3-60 所示。

	A	B	C
1	ni24si35ŋ01tɕ21tɕho52kuo35lei01,	你细人得坐过来，	你们小孩子坐过来
2	ŋo52sɛ35ni11lei01kuo52iɕ21ta35	我敬你类讲一只	我给你们讲一个
3	lao52pei01ka55ʧhiŋ01ʧhyaŋ11luo21lei01kɛ02ku35s̩24,	老辈咖阵传落来格故事，	老辈那时传下来的故事，
4	ua24pa21nyɛ01ʃiɕ21ŋ52khai33thiɕ33miŋ33.	话八月十五开天门。	八月十五开天门。
5	lao52pei01ka33ʧhiŋ01ua24,	老辈咖话，	老辈那时说，
6	ua24pa21nyɛ01ʃiɕ21ŋ52,	话八月十五，	说八月十五
7	tau35tɕ01po35ia24lei02,	到得半夜里，	到了半夜里
8	thiɕ33ʃo02kɛ02miŋ11thou21huei24fo35khai33,	天上格门就会放开，	天上的们就会放开

图 3-60

思考与练习

1. 转写层、标注层、范畴这几个概念有什么不同？

2. 新建一个 1 位说话人的转写文件，建三层，用于音标注音、普通话翻译、民族文字转写。设置层属性、层格式，并将格式表单独另存为格式文件。

3. 有一段民族语 2 人对话录音，创建转写，最少应建几层？其中几个 T 层，几个 A 层？

4. 自己录制一段话语，创建一个转写文件，并导入录音文件。

5. 有汉语方言故事文本，分三大段排版，第一段方言字转写，第二段国际音标，第三段普通话翻译，如何将这个文本导入 EXMARaLDA PE？说出具体步骤。

6. 有民族语 2 人对话文本，每句话有音标和普通话翻译，如何导入 PE？说出具体步骤。

7. 导入一段纯中文文本，按标点符号切分句子。

8. 市面上音视频文件有哪些格式？列举几个 Windows 和 MacOS 支持的音频和视频播放器。

9. 转写多媒体语料，为什么必须有转写、注音、翻译三项？

10. 上网下载一个视频文件，用视频转换工具分离一个 WAV 文件。

11. 有一个民族语故事文本，包括民族文字转写、音标注音、普通话词对译、普通话句译四个部分。如何导入 PE？说明操作步骤。

12. 有一个民族语对话文本，包括民族文字转写、音标注音、普通话词对译、普通话句译四行标注。如何导入 PE？说明操作步骤。

13. 将实例 6 的 "news01.doc" 转换为纯文本，导入 PE，文本拆分符 "按非单词字符拆分文本"，结果如何？

14. 将实例 7 的 "gushi02.doc" 转换为纯文本，每句话回车换行，导入 PE，文本拆分符用 "按分段符拆分文本"，结果如何？

15. 将配套光盘文件夹 Exercises 的 "hackerNews.txt" 文本文件改为简单 EXMARaLDA 文本格式导入 PE，用时间轴简单对齐，与音频 "hackerNews.wav" 链接，切分语句，与转写文本绑定。

16. 将 Exercises 侗语句子文本 "senDong.txt" 改为简单 EXMARaLDA 文本格式导入 PE，用时间轴插值，与音频 "senDong.wav" 链接，切分语句，与转写文本绑定。

17. 用 PE 导入一个 Audacity 方言录音文件和标签文件，进行如下加工。

（1）添加国际音标、普通话翻译层，更改层属性，设置层格式。

（2）切分音段，录入音标，空格分词，并与转写绑定。

（3）导出带音频的网页文件。

（4）提取每层的词表。

第四章 语料库软件 Coma 和 EXAKT

本章先了解 EXMARaLDA 官方网站的演示语料库，然后学习利用语料库管理工具 Coma、EXAKT 组建多媒体语料库，以及语料的基本搜索和分析。

第一节 演示语料库

登录 EXMARaLDA 网站，从页面菜单"CORPORA>Demonstration"进入演示语料库（图 4-1）。

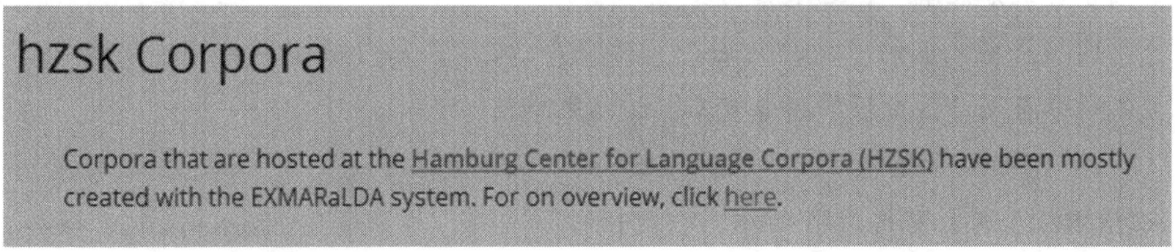

hzsk Corpora

Corpora that are hosted at the Hamburg Center for Language Corpora (HZSK) have been mostly created with the EXMARaLDA system. For on overview, click here.

图 4-1

——点击 here 打开演示语料库页面，再单击 Sessions 进入语料库列表，有德语、英语、法语、西班牙语、葡萄牙语等多种语言语料库（图 4-2）。

图 4-2

——任选一种语言语料库样本。例如，点击英语样本 Beckhams，打开元数据表（图 4-3）。

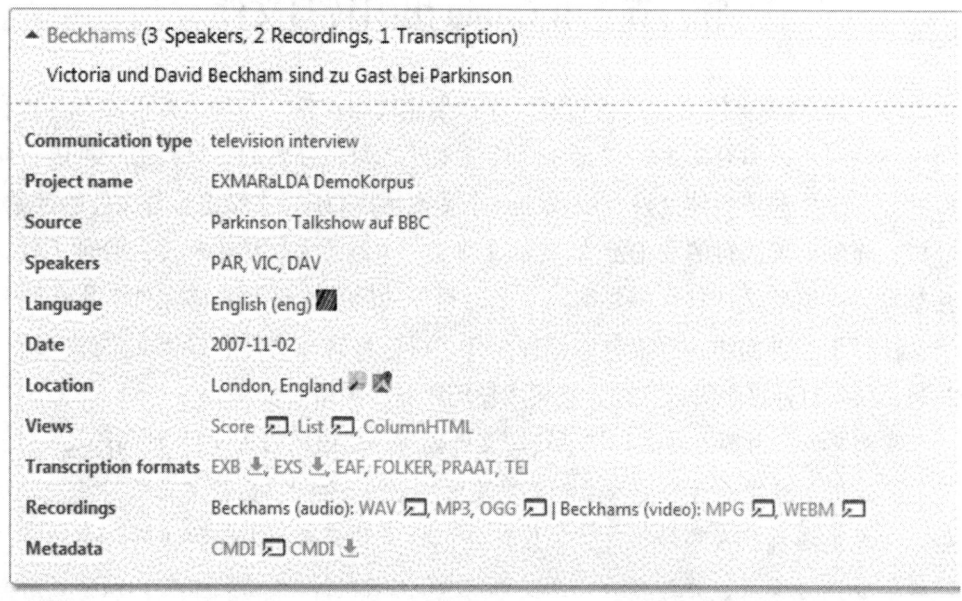

图 4-3

——点击 View（查看）条的 Score 或 List，可查看语料库的转写标注文本，播放音频和视频。如图 4-4 所示，右侧是转写文本，左侧是播放窗口。注意：要在线播放演示语料库，浏览器必须支持 Flash 播放器。

——点击其他元数据条目内容项，可以查看其他转写文件和音视频内容。

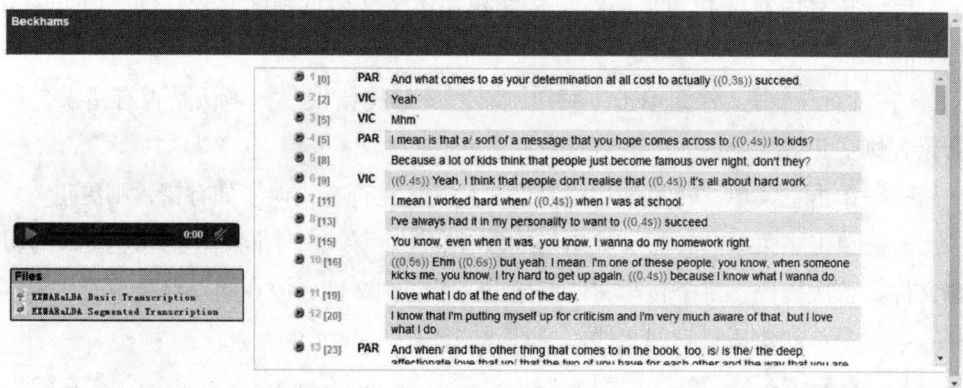

图 4-4

除了在线浏览演示语料库之外，还可以下载演示语料库压缩包。用 Coma 工具组织和管理语料库文件，用 EXAKT 对语料库进行搜索和分析。

第二节　用 Coma 组织转写文件

PE 只是对多媒体语料进行转写标注，创建转写文件。一种语言可能有各种音频视频资料，因而有多个转写文件。转写文件之间是分离的。只有将一种语言众多的转写文件和多媒体文件组织成为一个多媒体语料库，才能进行跨文件的搜索、分析，充分发挥语料的利用价值。Coma 就是一个组建多媒体语料库的管理工具。其基本工作原理是：将众多要纳入一个语料库的转写文件和媒体文件汇集在同一个文件目录，再创建一个语料库管理文件，将这些转写文件和媒体文件建立统一关联，只要打开这个管理文件，就可以使用语料库的所有资料。

实例 24a　为彝语对话和句子转写文件创建一个语料管理文件 Yicorpus。

【分析】组建语料库是为了跨文件搜索和分析。由于 PE 提取词表只限于转写层，考虑到语料搜索和分析时，可能要提取标注层词表，因此建议将每个转写文件每个层作为 T 层，另外存为一个转写文件，并输出一个切割文件，以保证所有转写文件的任意层都能提取词表。

【操作要点】创建文件夹，汇集所有转写文件及其媒体文件；新建语料库管理文件（*.coma），导入转写文件，填写语料库元数据，保存管理文件。

操作步骤：

第一步：导出转写文件的切割文件。

——将彝语对话和句子的转写文件和媒体文件拷贝到配套光盘的"Chapter4/Example24a"。

——运行转写文件，单击主菜单"转写 > 结构错误"，确认是否有错误。如有错，则更正。

——单击主菜单"转写 > 切割错误"，确认是否有错误。如有错，则更正。

——单击主菜单"转写 > 导出切割段转写"，导出一个同名但后缀为 exs 的切割文件。依次操作，每个转写文件都导出一个切割文件，放在同一目录下。

第二步：创建语料管理文件。

——运行 Coma，单击主菜单"File>create corpus from transcriptions"，在弹出窗口中，语料库名称设为 Yicorpus，管理文件存放目录 Example24a。

——按 next，进入转写文件列表。全部勾选，如图 4-5 所示。

——按 next，进入切割文件列表。第一步已创建切割文件，这里留空（图 4-6）。

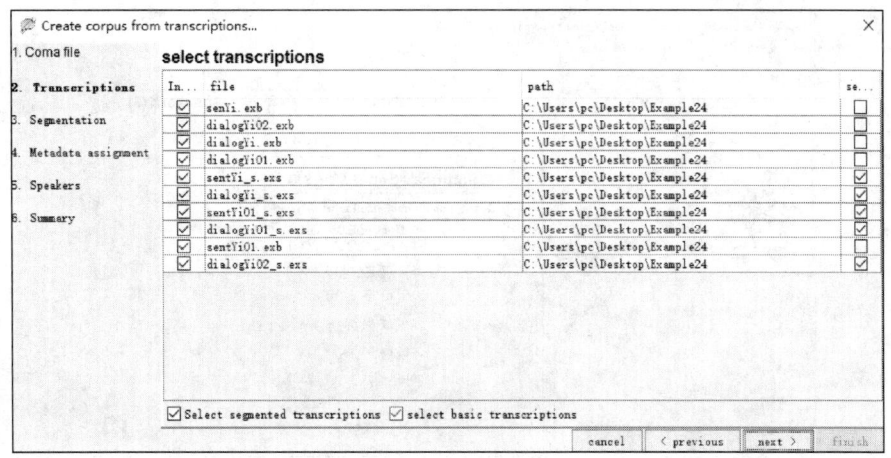

图 4-5

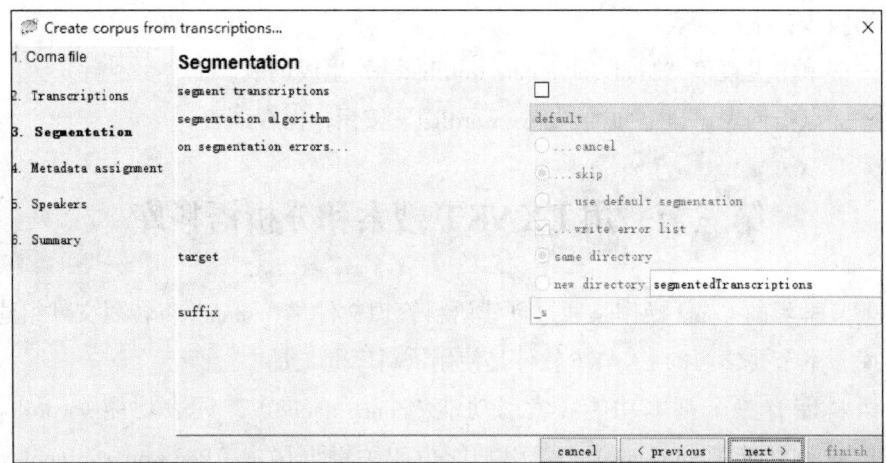

图 4-6

——按 next，进入元数据页面，保留缺省值不变。

——按 next，进入说话人页面，保留缺省值不变。

——按 next，进入所有信息预览页面。按 finish，成功创建语料库管理文件。

——点击工具栏 Corpus，可看到语料库名称 Yicorpus。

第三步：加入转写文件到 Coma 数据列表。

——点击工具栏按钮 Data。

——单击主菜单"File>Import basic transcription"，将 Example24a 文件夹的转写文件逐个导入数据列表，如图 4-7 所示。

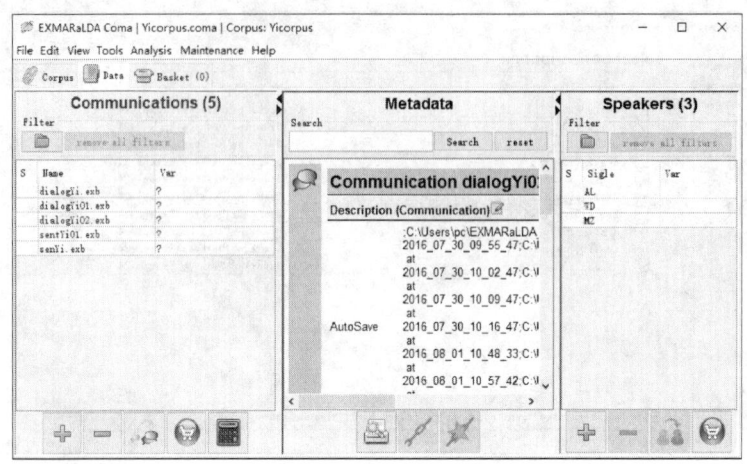

图 4-7

——单击主菜单"File>Save document",保存管理文件。

第四步:生成词表。

——单击主菜单"Analysis>create wordlist",生成词表。

——点击词表窗口下面的"Save wordlist"按钮,保存词表。

第三节 用 EXAKT 搜索和分析语料库

前节学习的 Coma 操作是通过创建语料管理文件(*.coma)将转写文件组建为语料库。本节要学习的 EXAKT 软件是使用语料库的工具。

语料库有三个基本功能:索引功能(concordance)、词表功能(wordlist)和搭配查询功能(collocate)。索引功能也叫关键词居中(key words in context, KWIC),它根据检索词在语料库中搜索全部包含该词的上下文,并按用户指定的前后跨距显示。词表功能是将文本的词形(token)和词项(type)进行列表,并列出词项的频次。搭配查询功能就是将某个关键词的搭配从高到低或者反向排列,搭配统计反映词语共现的概率。

实例 24b 用 EXAKT 创建语料库并进行搜索分析。

【分析】EXAKT 的 Generate corpus 命令也可以生成语料库文件(*.coma),但它的重要操作是关键词索引。搜索条件主要采用正则表达式。

【操作要点】生成语料库,正则表达式,生成语料库,搜索。

操作步骤:

第一步:生成语料库。

——运行 EXAKT,单击主菜单"File>Generate corpus",弹出创建语料库管理文件窗口，语料库管理文件名设为 Yiyu，存放目录为 Example24b 文件夹，如图 4-8 所示。

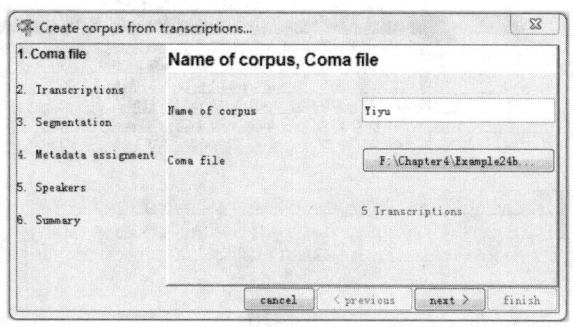

图 4-8

——按 next，进入选择转写文件页面。全部勾选所列的转写文件，以及下面的 Select segmented transcriptions（选择切分转写）和 select basic transcriptions（选择基本转写）两个选框，如图 4-9 所示。

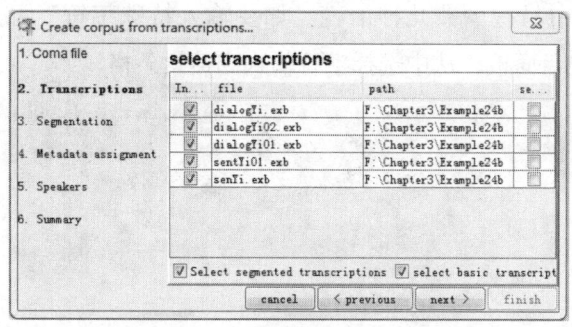

图 4-9

——按 next，进入切割文件页面，勾选选项格，选项设为缺省值 default，其他勾选 "⊙skip，☑write error list，⊙same directory"。

——按 next，进入元数据页面，保持缺省值不变。再按 next，进入说话人页面，保持缺省值不变。

——继续按 next，最后按 finish，成功创建语料管理文件 "Yiyu.coma"，同时生成所有转写文件对应的切割文件，系统自动打开 Yiyu 语料库。

第二步：语料搜索。

——在 EXAKT 主界面的 Search（搜索）输入条格中，输入 ni33 音节，按右侧搜索图标，页面出现关键词 ni33 居中的上下文文本列表，如图 4-10 所示。

——点击其中一行文本，中间区域显示含关键词的前后文本，底下显示 PE 的层文本，如图 4-10 下半部分所示。

图 4-10

——Partitur 左侧有播放、停止、浏览网页、导出、文本页面缩放等按钮。

——单击主菜单"Concordance>Save concordance",将关键词居中索引另存为网页文件。

——单击搜索按钮 Search,弹出搜索文字字符设置面板(图 4-11)。左下角字母下拉选项中只有少数几种语言。如要输入特殊字符,可点击功能切换键 Keyboard,打开键盘面板,从中选择字符输入到搜索条格。

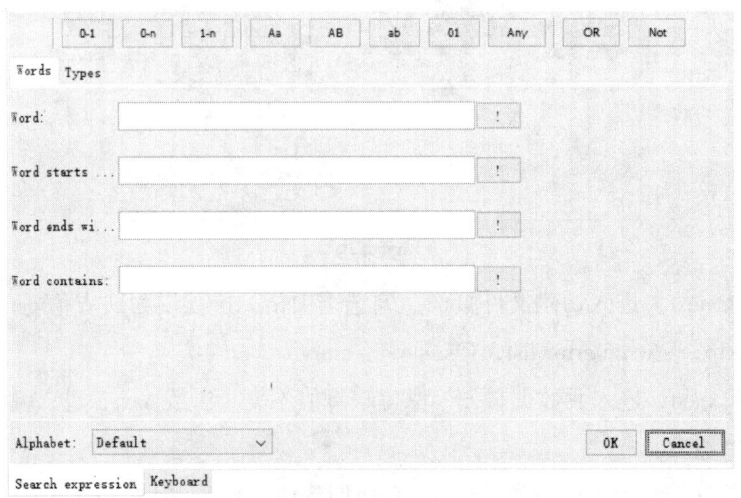

图 4-11

——在主界面的索引列表左上角 RegEx 正则表达式下拉列表中,选择一项,在搜索条格中单击鼠标右键,按弹出的正则表达式书写提示,输入正则表达式进行搜索。

——单击主菜单"Concordance>Save concordance",将索引列表输出为 xml 或网页文件。

附：部分正则表达式书写格式

[Ww]　以大写或小写 w 开头的单词。

Komm.{1,2}　包括 Komm 后面有 1 个和 2 个字母的所有词。如 Komme, Kommun, 等等。

([Ii]|ch[Dd]u)　包括 Ich, ich, Du, du 等单词。

\bge[A-Za-z]+?t\b　ge 开头，末尾是 t 的单词。如 gemacht, gesagt, gewusst, 等等。

(\b[A-Za-z]+\b){3,3}\?　末尾是问号的前三个任意单词。

思考与练习

1. 用 EXMARaLDA PE 分别创建一个字表、词表、句表转写文件，链接音频文件，并录入音标注音、普通话翻译。

2. 将已转写好的字表、词表、句表组建成一个多媒体语料库。

第五章　语言调查和建档软件 SonicField

　　SonicField（声飞）是免费的语言调查和建档工具，由暨南大学汉语方言研究中心发布，本章介绍版本为 SonicField_v1.0。声飞软件支持语言调查制表、录音、注音、整理音系、创建多媒体网页语档。它的优点是字词句语料的采录和处理。登录网站（www.clarc.jnu.edu.cn）下载软件压缩包，解压后直接双击"SonicField.exe"文件运行，不需安装。如无法运行，请根据软件包说明，安装补丁。

第一节　声飞主界面菜单

表 5-1

一级菜单	二级菜单	功　　能
文件	新建字表	新建一个汉语方言调查字表
	新建词表	新建一个语言调查词汇表
	新建句表	新建一个句子调查表
	新建话语表	新建一个话语调查提纲
	打开表	打开一个声飞语言调查表文件（*.snf）
	删除表	删除一个声飞语言调查文件，连同录音文件
	导入自制 Excel 表	导入用户自己制作的语言调查表，文件格式 xls
	导入语保 Excel 表	导入语保工程的模板表，含单字表、词汇表、语法表
	导出	将调查表资料导出 Excel 表或网页文件（*.html）
数据	音标查错	对语言调查表中输入的国际音标记音进行字符查错
	音标核音	根据用户的设定，查找音标最小比对项
	整理音系	根据音标记音归纳声韵调
	同音字汇	根据方言字表的音标记音归纳同音字汇
	音节词汇	根据词表的音标记音，归纳音节表
	多表对照	将几个调查点的记音资料汇集，生成对照表

续上表

一级菜单	二级菜单	功　　能
选项	制表模式	软件默认工作模式，打开并编辑语言田野调查表
	录音模式	对调查表进行录音
	转写模式	对已录音的调查表条目进行音标输入
	字表统一编号	将外部导入的字表条目编码和声飞预置字表统一
	词表统一编号	将外部导入的词表条目编码和声飞预置词表统一
语档	说话人信息表	用于登记发音人、说话人和相关人员的情况
	调查表元数据	用于登记每个调查表的调查记录情况
	创建语档网页	将语言的各种网页文件组合为静态的网页语档
系统		可以查看软件内置的数据表，但不允许修改
帮助		可查看简单教程，登录声飞官网

第二节　新建和导入语言调查表

> 本节重点掌握的命令和工具：
> 文件 > 新建字表
> 文件 > 新建词表
> 文件 > 新建句表
> 文件 > 新建话语表
> 文件 > 打开表
> 文件 > 导入
> 工具栏按钮
> 鼠标右键菜单命令

声飞预置了一套语言调查表，包括：①"方言调查字表"，约 3 000 个单字；②"词汇调查表"，约 7 000 条词语；③"句子调查表"，约 600 个常用句；④"话语调查表"，约 70 个引导话题。用户可直接调用预置的调查表，对它编辑修改，变成自己需要的调查表。

声飞还可导入外部现成的调查表。外部调查表必须是 Excel 电子表格，分为两类：一是用户自己制作的调查表，二是语保工程模板表。语保表可直接导入，用户自制表应按要求更改每列字段名。下面通过实例学习新建调查表和导入调查表。

实例 25 新建一个方言调查字表，选出声调例字，并导出为"dialectTones.xls"文件。

【分析】直接用软件内置表新建方言字表。可利用表中的分级编码，选出声调例字。系统内置的方言字表进行了分级，GD 代表《广韵》声调例字，GS 代表声母例字，GY 代表韵母例字，G2 代表扩充记录的单字。

【操作要点】主菜单文件子菜单新建、导出命令，调查表条目右键菜单命令，调查表列名右键菜单命令，调查表工具栏按钮。

操作步骤：

第一步：新建方言字表和筛选声调例字。

——运行声飞，单击主菜单"文件>新建字表"，默认文件名"调查字表0001"，文件类型：声飞文件（*.snf）。保留默认值，按"保存"，新建并打开方言字表。如图 5-1 所示。工具栏用来修改调查表，大条框显示表格记录的内容。右半区是视频图片播放器。

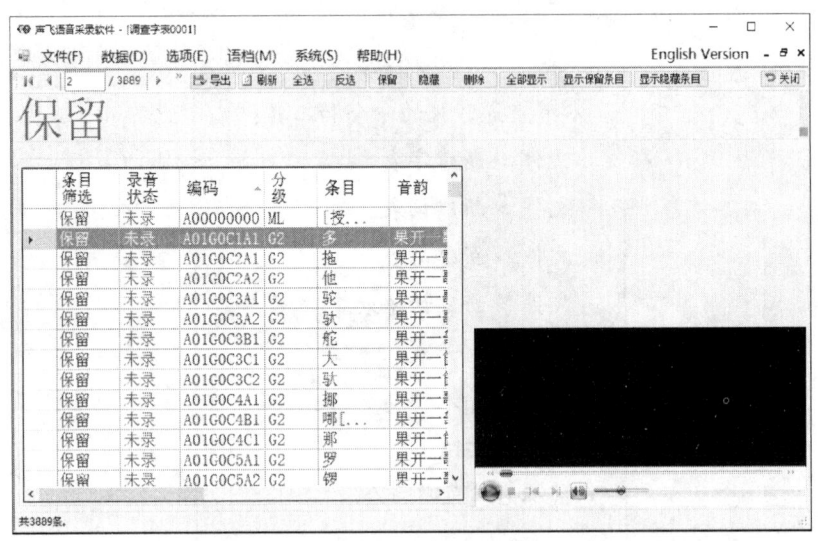

图 5-1

——鼠标右键单击列名"分级>在当前列查找"，在弹出空格条中输入 GD，查出声调例字。

——单击"分级"列名，对声调例字进行排序。如图 5-2 所示，例字按平上去入排列。

编码	分级	条目	音韵	音标注音	拼音	英^
E03Z3G4A1	GDA01S	诗	止开三…		shī	pc
E03Z3G5A1	GDA02	时	止开三…		shí	ti
E03Z3F4B1	GDA03	使	止开三…		shǐ	me
D03J1G4C1	GDA04	世	蟹开三…		shì	li
E03Z3F3C1	GDA05	事	止开三…		shì	ev
N03Z0G4D1	GDA06	识	曾开三…		shí	kn
O03Q2G5D1	GDA07	石	梗开三…		shí	st
N03Z0G3D1	GDA08	食	曾开三…		shí	fc

图 5-2

第二步：导出筛选后的调查表。

——单击主菜单"文件>导出"，文件名"dialectTones"，保存类型为 2003Excel 表。

除了查找操作外，还可以利用工具栏按钮、鼠标右键菜单，对调查表进行各种修改操作。

（1）工具栏按钮。

导出，将当前页面显示的调查表导出。

刷新，回到调查表原始状态。

反选，选中除当前鼠标选中的其他全部条目。

保留，将当前选中条目的筛选状态改为保留。

隐藏，将当前选中条目的筛选状态改为隐藏。

删除，将当前选中条目删除。

全部显示，显示所有条目，包括状态为保留和隐藏的条目。

显示保留条目，页面只显示筛选状态为保留的条目。

显示隐藏条目，重新显示筛选状态为隐藏的条目。

（2）表格行的操作。

——单击条目前的空格，可选中条目；按 Shift+鼠标左键，连续选中多条。按 Ctrl+鼠标左键，选中任意几个条目。

——双击"保留"单元格，将条目隐藏。

——鼠标右键单击条目前的空格，弹出子菜单命令，如图 5-3 所示。

条目筛选	录音状态	编码	分级	条目	音韵	音标注音	拼音	英^
保留	未录	A00000000	ML	[授权…				
	未录	A01G0C1A1	G2	多	果开一…	tɔ55	duō	
	添加记录	A01G0C2A1	G2	拖	果开一…	tʰɔ55	tuō	
	隐藏记录	A01G0C3A1	G2	驼	果开一…	tɔ22	tuó	
	删除记录	A01G0C3C1	G2	大	果开一…	tai24	gè	
	导入演示视频	A01G0C4B1	G2	哪[哪个]	果开一…	lai55	nǎ	
	导入演示图片	A01G0D1B1	G2	左	果开一…	tso52	zuǒ	
	删除演示视频	A01G0K4A2	G2	鹅	果开一…	ŋɔ22	é	
	删除演示图片	A01G0K4B1	G2	我	果开一…	ŋɔ52	wǒ	

图 5-3

添加记录：在选中条目后面添加一个条目，编号是当前条目编码后面加字母 a。

隐藏记录：将选中的记录隐藏。

删除记录：删除当前选中的记录。

导入演示视频：为当前条目添加一段视频，方便理解条目意义。

导入演示图片：为当前条目添加一张图片，方便理解条目意义。

删除演示视频：删除当前选中条目的演示视频。

删除演示图片：删除当前选中条目的演示图片。

（3）表格列的操作。

——鼠标点击列标题，对该列进行排序。

——鼠标右键单击列名，弹出子菜单命令，如图 5-4 所示。

记录排序：对该列进行升序或降序排序。

修改列：对当前列的每个条目逐条修改。

隐藏列：将当前列隐藏，不显示。鼠标右键单击表格左上角空格的子菜单命令中，有恢复隐藏列。

在当前列查找：查找当前列的任意字符。

在当前列替换：替换当前列的任意字符。

图 5-4

（4）全表的操作。

——鼠标右键点击表格左上角的空格，弹出子菜单命令，包括：导出全表、自动调整列宽、自动调整行高、刷新、恢复隐藏列，如图 5-5 所示。

图 5-5

实例 26 分别导入一个自制方言字表和语保词汇模板，从中各选 100 条，导出网页文件。

【分析】使用菜单导入自制表和导入语保模板命令导入。利用工具栏按钮，筛选条目。

【操作要点】导入命令，工具栏按钮，表格行鼠标右键子菜单命令，导出命令。

操作步骤：

第一步：导入表。

——单击主菜单"文件 > 导入自制 Excel 表 > 导入 Excel 字表"，系统弹出外部表的表头和格式要求：外部表格必须有"编码""条目"2 个字段，而且记录不能为空。

——按"确定"，在浏览文件窗打开 Example25 文件夹的"方言字表01.xls"，按"打开"即可导入。

——单击主菜单"文件 > 导入语保 Excel 表 > 导入语保词汇模板"，在浏览文件窗打开 Example25 文件夹的"语保词汇.xls"，按"打开"即可导入。

——单击小窗口右上角的关闭键，关闭当前的调查表。

第二步：修改表，筛选条目。

——单击主菜单"文件 > 打开表"，打开刚才导入的方言字表。

——按工具栏"刷新"按钮，整理表格排序。

——按住 Ctrl 键，点击不需要的几个条目，按工具栏隐藏按钮。

——按住 Shift 键，点击几个连续的不需要的条目，按工具栏删除按钮。

——双击不需要的条目前面的"保留"字格，将条目隐藏。

——按工具栏显示保留条目。

——按工具栏导出按钮，将修改后的字表导出，另存为 xls 文件。

词表也按上述操作进行编辑修改和导出。

第三节　调查表条目录音和转写

> 本节重点掌握的命令和按钮：
> 选项 > 录音模式
> 选项 > 转写模式
> 选项 > 制表模式
> 手动录音
> 自动录音
> 刷新

制作了调查表，就可以用声飞主菜单"选项 > 录音模式"对调查表条目进行录音。声飞的录音功能是碎片录音，每个条目单独录成一个 wav 音频文件或 mp4 视频文件，并提供了两种录音操作方式。

（1）手动录音。

鼠标选中一个条目，按下录音键，发音人说出这个条目的发音，再按停止键，即算完成一条录音。然后选下一条进行录音。这种操作和普通录音机的操作相同。

（2）自动录音。

根据调查条目的长短，先设置一个时长（例如 2 秒）。按下录音键后，系统只录制设置的时长，然后自动跳到下一条进行录音，不必每个条目都按一次录音键和停止键。

声飞的转写工作模式提供一个专用的转写界面，自动播放和循环播放条目的录音，记音员一边听录音，一边录入音标和文字符号。转写模式只对已录的条目有效。

实例 27 导入一个 Excel 方言字表，进行录音和转写。

【分析】略。

【操作要点】导入 Excel 自制表，录音模式，转写模式，刷新，手动录音。

操作步骤：

第一步：导入方言字表，新建一个声飞表。

——单击"文件＞导入自制 Excel 表＞导入 Excel 字表"，将 Chapter5 子文件夹 Example27 中的"fyzibiao.xls"导入，声飞调查表命名为"fyzibiao.xls"。

——删除其中一些生僻的单字条目。

第二步：转入录音模式。

——单击主菜单"选项＞录音模式"，进入录音操作界面。

——按工具栏右边的"刷新"按钮，录音状态的"未录"变成红色。

——采样率、位精度保持默认值不变，勾选"手动操作"，单击鼠标选中表格第一个条目"多"。

——按录音键，系统发出"嘟"声后开始发音，屏幕同时显示计秒。按停止键，第一条录制完毕。录音状态信息变为"已录"。

——按播放键，播放刚才的录音。如果录音质量不合格，可按工具栏的删除录音，或鼠标右键单击条目前空格，用子菜单命令删除条目录音。

——按工具栏右边的 Praat 图标，可查看当前选中已录条目的语图。

——勾选"自动录音"，条目时长选 2 秒。

——按录音键，系统发出"嘟"提示音，说话人开始发音。屏幕同时计秒。2 秒后跳到下一条，发出"嘟"声，继续发音。依次操作，录制 10 来个单字，最后按停止键。

——按"刷新",整理页面表格。

第三步:进入转写模式。

——单击主菜单"选项>转写模式",进入记音打字录入界面。

——将"字符映射表"挪到右边的空显示窗。

——勾选"自动播放"和"循环播放"。

——点击左边的空格条,一边听录音,一边打字录入。遇到音标字符,可在右边"字符映射表"查找、选择、复制、粘贴到声飞空格条。

——按回车键,进入下条录音播放和打字录入,直到结束。

——单击主菜单"选项>制表模式",回到全表页面。

第四节 数据处理:音标查错、整理声韵调和同音字汇

> 本节重点掌握的命令:
>
> 数据 > 音标查错
>
> 数据 > 整理声韵调
>
> 数据 > 同音字汇

数据处理是对转写标注的字符文本进行处理,包括音标查错、整理声韵调、方言同音词汇、音节词汇表、多点记音对照表等等。本节学习音标查错、整理声韵调、方言同音字汇、音节词汇表等操作。

音标查错只是检查音标中有无声韵调字符打字错漏,而不是检查记音是否正确。整理声韵调是根据记音音标符号来提取声韵调字符,生成一个"声韵调表",并从调查表中提取一些例字和例词。同音字汇是将汉语方言字表按音节汇集,同音词汇是将词表按音节类聚。

实例28 分别导入"方言字表01.xls"和"词汇调查表01.xls",进行音标查错,导出 Excel 的声韵调表、同音字汇和音节词汇表。

【分析】同音字汇是针对汉语方言字表。音节词汇表是将含有某个音节的字或词聚集在一起。少数民族语言一般应做音节词汇表。

【操作要点】导入自制 Excel 表,音标查错,整理声韵调,声韵调排序,输出声韵调表;同音字汇排序,输出同音字汇。

操作步骤:

第一步:分别导入字表和词表。

——运行声飞,单击主菜单"文件 > 导入自制 Excel 表 > 导入字表",将"方言字表 01.xls"导入,新建"方言字表 01.snf"声飞文件。按"关闭"。

——单击"文件 > 导入自制 Excel 表 > 导入词表",将"词汇调查表 01.xls"导入,新建"词汇调查表 01.snf"声飞文件。按"关闭"。

第二步:音标查错。

——单击"文件 > 打开表",打开"方言字表 01.snf"。

——按工具栏"刷新"按钮,整理表格。

——单击主菜单"数据 > 音标查错",系统弹出提示信息。

——按"确定"。系统查错,发现错漏,弹出可能的错误提示,如图 5-6 所示。注意审阅提示信息,确认列出的条目音标是否错误。

如果不属错误,按"忽略本条"。如果属于错误,按"继续查错"。如要停止查错,按"取消"。

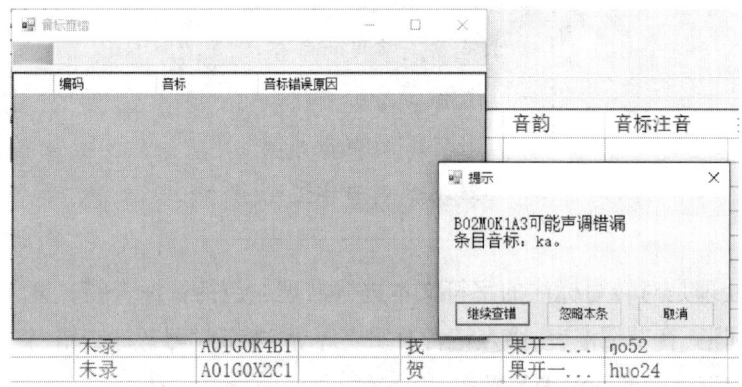

图 5-6

——按"继续查错",结束后会列出错误条目和编号。点击错误列表的条目,可定位到调查表该条目。

——将错漏改正。按"刷新"。重新查错,看是否"未发现错误"。

第三步:整理声韵调。

——单击主菜单"数据 > 整理声韵调",系统会再次查错,并弹出提示信息。

——按"全部忽略",取消查错。系统生成声韵调列表,如图 5-7 所示。

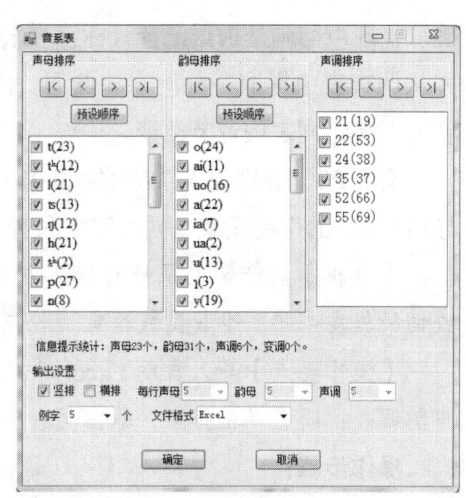

图 5-7

——按"预设顺序"进行初步排序，再按箭头微调排序。

——设置输出排版格式。竖排是按列排声母、韵母、声调；横排是按行排列。输出格式选 Excel 表。按"确定"。

——打开 Excel 音系表进行查看。

第四步：导出同音字汇。

——单击主菜单"数据＞同音字汇"，系统弹出韵母、声母、声调列表。

——按"预设顺序"进行初步排序，再按箭头微调排序，输出格式选 Excel 表，按"确定"。

——打开 Excel 同音字表查看。

词表的音标查错、整理声韵调、同音字汇按字表操作。

第五节　数据处理：提取句子词表

对于有音标注音、普通话词对译的句子调查表，可以将句子的每个词提取出来，生成一个词汇表，以便核对词汇表和句子的记音是否一致。

声飞根据音标记音和普通话翻译的分词空格提取单词。打字录入时，必须用空格分词，如果没有空格分词，则无法提取词表。

实例 29　导入"sentence01.xls"，新建声飞句表，提取词表，并输出 Excel 词表。

【分析】略。

【操作要点】略。

操作步骤：

——单击主菜单"文件＞导入自制 Excel 表＞导入句表"，将 Example29 文件夹的"sentence01.xls"导入。

——单击主菜单"数据＞音标查错"。最后按"刷新"按钮。

——单击主菜单"数据＞提取句子词表"，系统弹出"是否空格分词"的提示。

——如果已空格分词，按"是"。系统弹出输出词表的排版格式。本例保留普通格式。

——按"输出 Excel"，系统开始音标查错，并进行空格分词检查。如有错误，弹出错误提示和列表。

——点击错误列表，纠正空格分词错误。再按"提取句子词表"命令，完成操作。

第六节 数据处理：提取话语文本词表和句表

> 本节重点掌握的命令和按钮：
> 话语表单元格右键 > 导入文本
> 数据 > 提取词汇
> 数据 > 提取句子
> 文件 > 导出
> 输出列表格式：横排、竖排

话语调查表的音标注音、普通话词对译、普通话逐句意译文本，如果录入音标和文字时进行了空格分词，则可以提取词表。软件根据空格提取单词。

音标注音、普通话词对译、普通话逐句意译文本，如果句子标点符号一致，则可以提取三行标注的句子表。软件根据标点符号识别句子。

实例 30 新建一个话语调查表，导入一个方言故事的音标、普通话词对译、普通话句译文本，从中提取词表和句表，输出 Excel 表。

【分析】话语表主要是话题，从中选择一个话题，将音标注音、方言转写和普通话翻译文本导入。再分别使用提取词汇和提取句子的命令，生成词表和句子表。单词按空格提取和排列，如果音标、方言、普通话对译文本的分词空格不一致，则词表可能错位。句子也一样，如果音标文本、普通话对译文本、方言文本的标点不一致，句表的句子也会错位。根据错位的表，可以找到空格和标点不一致之处，进行纠错。

【操作要点】新建话语表，导入音标、方言、普通话对译文本，提取词表，提取句表，输出。

操作步骤：

第一步：导入方言故事文本。

——单击"文件>新建话语表"，选中编码"TB 个人口述"话题，按"下一步"，新建一个声飞文件"TB 故事 001.snf"。

——鼠标右键点击"民文或方言转写"对应的转写行，弹出"导入文本"命令，选中文件夹"Chapter5/Example30/ 故事方言文本 .txt"，导入方言转写文本。

——鼠标右键点击"音标注音"对应的行，选中"故事音标 .txt"，按"打开"，导入故事音标记音文本。

——鼠标右键点击"普通话词对译"对应的行，选中"故事普通话对译.txt"，导入普通话文本。

——按工具栏"刷新"按钮。将大字号显示条框的字号调小。

——单击"数据 > 提取词汇"，系统弹出输出 Excel 格式还是网页格式，点击"输出 Excel"，系统提取词表，最后弹出"导出完成"的提示，按"确定"。

——打开 Excel 表，可发现里面是一个分三列竖排的词表。

——单击菜单"数据 > 提取句子"，弹出"标点符号不一致，是否继续"提示，按"继续"，弹出句表排版格式选项：横排，竖排。横排是每句话的方言、音标、普通话分三列排版。竖排是每句话方言、音标、普通话分三行上下排列。按"竖排 > 输出 Excel"，文件名"sentencelist"，按"保存"。

——打开 Excel 表查看内容。

第七节　数据处理：生成多点对照表

当多个字表、词表、句表已有音标记音时，系统可自动生成单字对照表、词汇对照表、句子对照表。对照表可直接导出 Excel 表或网页。

实例 31　分别导入三个字表、三个词表、三个句表，生成单字对照表、词汇对照表、句子对照表。

【分析】对于字表和词表，软件根据条目进行匹配。对于句表，根据编号进行匹配，相同的句子条目，必须编号相同。

【操作要点】导入自制 Excel 表，多表对照，导出。

操作步骤：

第一步：导入三个字表、三个词表、三个句表。

——单击"文件 > 删除表"，将列表中的所有表删除，回到主界面。

——单击主菜单"文件 > 导入自制 Excel 表 > 导入字表"，分三次导入"字表 01.xls""字表 02.xls""字表 03.xls"。

——单击主菜单"文件 > 导入自制 Excel 表 > 导入词表"，分三次导入"词表 01.xls""词表 02.xls""词表 03.xls"。

——单击主菜单"文件 > 导入自制 Excel 表 > 导入句表"，分三次导入"句表 01.xls""句表 02.xls""句表 03.xls"。

——按"关闭"，关闭所有文件。

第二步：生成单字对照表。

——单击主菜单"数据 > 多表对照"，弹出全部表目录，如图 5-8 所示。

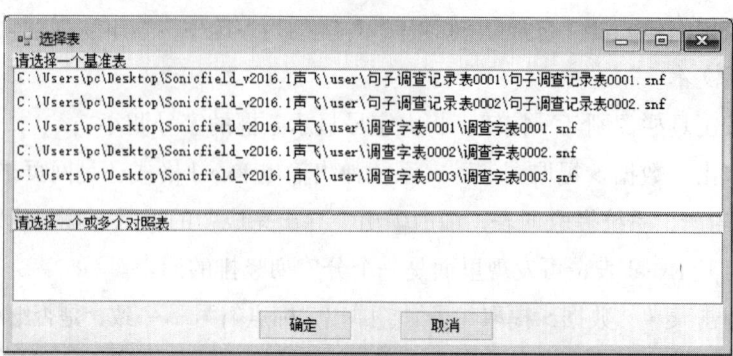

图 5-8

——在"请选择一个基准表"中,单击选中"调查字表 0001.snf",窗口下半区出现其他字表的列表。再选中下面其他两个字表。

——按"确定",系统生成一个包含三个调查表的记音对照表。

——点击表头字段编码,表格按编码排序,如图 5-9 所示。

编码	条目	调查字表0001	调查字表0002	调查字表0003
A01G0C1A1	多	to55	to55	to55
A01G0C2A1	拖	tʰo55	tʰo55	tʰo55
A01G0C3A1	驼	to22	tʰo22	to22
A01G0C3C1	大	tai24	tʰa45	tai24
A01G0C4B1	哪[哪个]	lai55	la45	lai55
A01G0D1B1	左	tso52	tso31	tso52
A01G0K4A2	鹅	ŋo22	ŋo22	ŋo22
A01G0K4B1	我	ŋo52	ŋuæ31	ŋo52
A01G0X2C1	贺	huo24	ho45	huo24
A03G0K3A1	茄	tsʰa22	tsʰa22	tsʰa22
A11G0A3A1	婆	po22	pʰo22	po22
A11G0C4A1	揉[揉搓]	no22	no22	no22
A11G0D1B2	躲	to52	to31	to52
A11G0J3A1	矬[矮]	tsʰo22	tsʰo22	tsʰo22
A11G0J3B1	坐	tsʰo52	tsʰo31	tsʰo52

图 5-9

——单击"文件 > 导出 > 输出 Excel",将对照表输出为 Excel 文件。

——关闭对照表。

——重复上述操作,生成词汇对照表和句子对照表。

第八节 输出多媒体网页和创建静态网页语料库

一、输出单机版和手机版多媒体网页文件

调查表条目如果有录音和录像,可以输出带音频和视频的单机版和手机版多媒体网页文件,包括:带音视频的单字表、词汇表、句子表、音系表、同音字汇、音节词汇表。

打开单个调查表,单击主菜单"文件 > 导出",可导出多媒体网页文件。

在录音模式下,单击主菜单"文件 > 导出",可导出多媒体网页文件。

在整理声韵调的音系表页面,可输出多媒体网页文件。

在同音字汇词汇的设置页面,可输出多媒体网页文件。

二、创建多媒体静态网页语料库

除了将调查表、音系表、对照表、同音字汇、音节词汇表输出网页文件,还可以将输出的网页文件与其他软件生成的网页文件组织在一起,生成静态网页语料库。一种语言的静态网页语料应包括以下网页文件:①语言及人文概况;②音系表;③词汇表;④句子表;⑤话语。用声飞组织网页语料库,应先准备这五种网页文件(可空缺,只是语料库不完整)。

实例 32 将 Example32 的方言调查记录资料组合成一个网页语料库。

【分析】文件夹是桂阳土话记录资料,包括:概况、字表、词表、句表、长篇故事。概况是文本文档,字表、词表、句表是 xls 表,故事是带音频的网页文件。先将 xls 表导入,创建声飞表;再整理声韵调,输出音系表网页文件;然后整理同音字汇,输出同音字汇网页文件;最后用"创建语档"菜单命令,组建网页语料库。

【操作要点】导入自制 Excel 表,整理声韵调,整理同音字汇,填写说话人表,填写调查表元数据。

操作步骤:

第一步:导入字表、词表、句表。

——单击主菜单"文件 > 导入自制 Excel 表 > 导入字表",将"字表01.xls"导入。

——单击主菜单"文件 > 导入自制 Excel 表 > 导入词表",将"词表01.xls"导入。

——单击主菜单"文件 > 导入自制 Excel 表 > 导入句表",将"句表01.xls"导入。

第二步:导出音系表、同音字汇。

——打开声飞"字表01.snf",单击主菜单"数据 > 整理声韵调",输出

音系表，输出网页格式。

——单击主菜单"数据＞同音字汇"，输出同音字汇，输出网页格式。

第三步：填写说话人信息、调查表元数据。

——单击主菜单"语档＞说话人信息表"。表中"关联调查表"是该说话人发音的调查表。

——单击主菜单"语档＞调查表元数据"。选择左边调查表，逐个填写元数据信息。

第四步：创建语档。

——单击主菜单"语档＞创建语档网页"，进入向导操作面板首页：填写语档元数据。

——按"下一步"，进入输出调查表网页，将导入的字表、词表、句表分别输出为网页文件。

——按"下一步"，进入组织网页文件，将概况、字表、词表、句表、音系表、同音字汇、长篇故事文本或网页文件全部加入，如图 5-10 所示。如果"概况"只有文本文档，按添加文字按钮，将文本粘贴到弹出的文字窗。字表、词表、句表已由系统生成网页。音系表、同音字汇前面已输出，这里将它们加入。对照表，空缺。外部网页文件则将长篇故事网页文件加入。

——按"下一步"，单击生成并浏览，系统生成网页语档并打开网页。

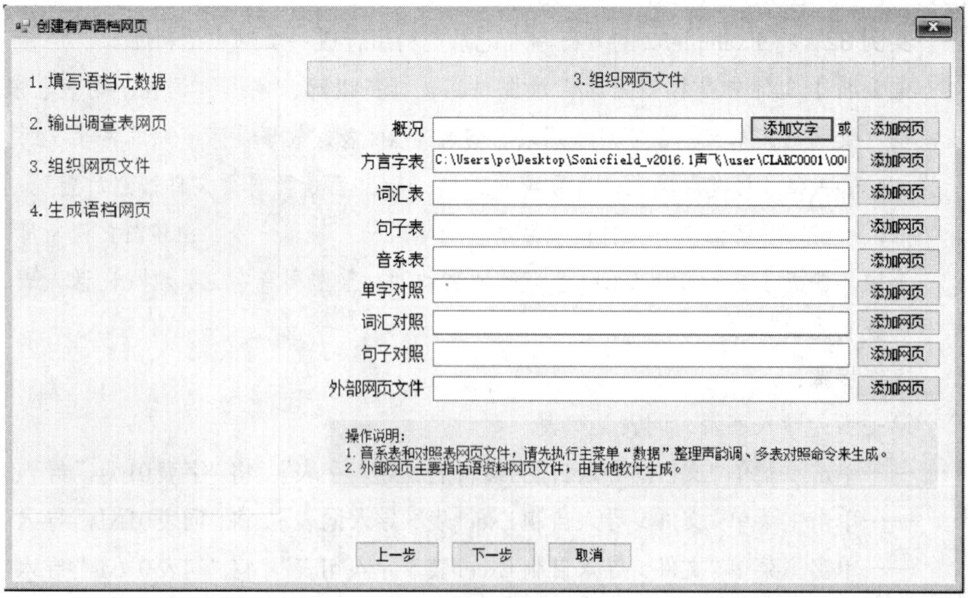

图 5-10

思考与练习

1. 用声飞软件新建一个汉语方言调查字表，分别筛选出声调例字、声母例字、韵母例字，导出 Excel 表，然后合并成一个 Excel 表，再导入声飞，创建一个声韵调调查表。

2. 导入一个已有音标注音的词汇表，再导入词条的录音，输出一个带录音的声韵调表网页文件。

3. 导入一个已有音标注音的少数民族语言的词汇表，进行音标查错，然后整理声韵调，并导出 Excel 音系表。

4. 导入三个已有音标记音的汉语方言字表，生成一个字音对照表。

5. 导入一个有音标记音的汉语方言句子表，对每个词进行空格分词，然后生成一个分行标注格式的 Excel 表。

6. 将一个汉语方言故事的音标记音、方言转写和普通话翻译文本，分别导入声飞的话语调查表，然后提取句子表和词表。

7. 创建一个包含概况、音系表、字表、词表、话语文本的方言网页档案。

8. 在声飞中将包含音标注音、方言、普通话的句子表导出为 Excel 表，再将 Excel 表的句子导入 EXMARaLDA PE。

第六章　语料转写软件 ELAN

ELAN 是荷兰马普语言心理研究院研发的免费开源的多媒体标注软件，本章介绍的版本是 ELAN 4.9.4。ELAN 除用于转写标注之外，还整合了索引功能。

ELAN 的标注文件[①]后缀是 eaf，用 xml 语言编写，数据结构与 EXMARaLDA PE 一样。ELAN 官方网站提供了教程、插件、模板和练习实例包。ELAN 的层、类型定义比 EXMARaLDA PE 略显复杂。先学习 EXMARaLDA PE，再学习 ELAN，会简便得多。

第一节　下载和安装 ELAN 及示例包

一、下载和安装 ELAN 程序

登录马普研究院官方网站 http://tla.mpi.nl/tools/tla-tools/ELAN/，选择相应的操作系统版本下载。例如，下载 Windows 版本安装程序"ELAN_4-9-4_win.exe"。

双击安装程序"ELAN_4-9-4_win.exe"，按提示的步骤进行安装。ELAN 和 EXMARaLDA 一样，需要 Java 运行时环境 JRE。不同的是，ELAN 安装程序自带了 JRE，可一次完成安装，比 EXMARaLDA 显得方便。

二、下载示例包

找到页面列表的 Example set，点击"Complete example set in a single zip file"，下载示例压缩包"ELAN-example.zip"，再双击压缩文件进行解压。示例包文件夹有 3 个文件。

视频文件：ELAN-example1.mpg；音频文件：ELAN-example1.wav；标注文件：ELAN-example3.eaf。

这里的视频文件和音频文件是完全同步的。如果只有视频文件而没有音频文件，可以用视频编辑软件从视频中分离出一个同步的音频文件。

[①] 转写和标注这两个名称在实际使用中并不严格区分。EXMARaLDA 多用转写（transcription），ELAN 多用标注（annotation）。不论用哪个名称，都包含了转写和标注。

三、下载标注模板

ELAN 在创建文件、定义层和属性方面比 EXMARaLDA PE 要复杂，初学者不容易理解。为此，官方网站提供了一些文件模板，这些模板预先定义了一些层和属性，初学者可直接用模板创建标注文件，免去了定义语言学类型、层、属性等烦琐操作。但是，模板只有一些基本的定义，不同用户有不同的转写标注需求，学习者应做到不用模板也能熟练创建标注文件。

打开官方网站的语言档案库页面 http://tla.mpi.nl/tools/tla-tools/ELAN/，点击页面中的"Third Party Resources"，进入第三方资源下载页面。该页面提供了模板（templates）、脚本工具（scripts，tools）和部分操作指南（Workflow descriptions，how-to's）。

在模板列表中下载 L&C ELAN template 和 six templates 两个模板文件包，并进行解压，解压后得到 template-LandC-v1 和 elansampletemplates 两个文件夹。

template-LandC-v1 文件夹里的模板文件（后缀 etf）预先定义了 8 个说话人，每个说话人定义了 8 个层，另外还有 3 个公用层。里面还有个说明文件，详细说明有哪些层。

elansampletemplates 文件夹内有 6 个模板文件，说话人从 1~2 个，层数从 2 层到 5 层不等。里面还有一个说明文件，说明了每个模板文件有几个说话人、几个层。

第二节　ELAN 的操作界面

ELAN 支持 wav、mpg、mpeg、mp4、mpeg4、mov、qt 等音视频媒体格式，典型的音频格式是 wav，视频格式是 mp4 或 mpg。索尼摄像机的 mts/m2ts 视频文件，应先转换为 mp4。要在 ELAN 中同时显示视频和声音波形，必须有一个视频文件和同步的 wav 音频文件。下面利用前面下载的示例包介绍 ELAN 主界面。

一、主界面分区

打开"Chapter6/elan-example/elan-example3.eaf"标注文件。主界面如图 6-1 所示。

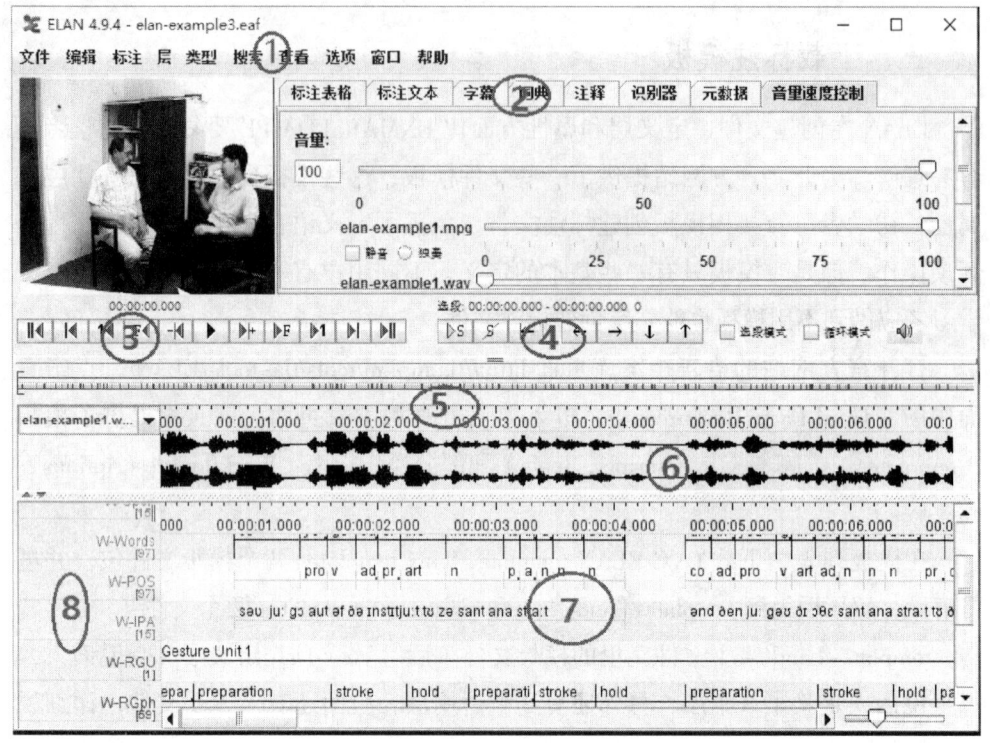

图 6-1

①菜单栏；②浏览器切换键；③音视频播放控制键；④选段控制键；⑤时间轴；⑥波形窗；⑦标注编辑区；⑧层名区

界面说明：

1. 浏览器

标注表格：列出指定层的每个标注格的文字。

标注文本：列出指定层的全篇文本。

字幕：列出音频（视频）切分段的同步文字。

词典：链接远程服务器的词库资源。

识别器：自动侦测音频/视频中的特定声音或画面，如自动识别静音段。

元数据：媒体文件和标注文件的元数据，可调用远程服务器的标准元数据。

音量速度控制：控制音频/视频播放速度和音量。

2. 时间轴

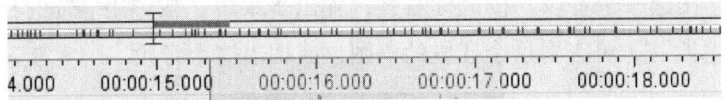

声波信号窗上下的读数标尺叫时间轴。点击时间轴任意点，红色指针就移到该时刻点。播放录音录像时，红色指针同步移动。ELAN 通过记录媒体的起始和结束时刻点，将音频段与标注关联。

3. 标注格位置标尺

时间轴上面布满疏密短竖线的横杠。疏密短竖线代表切分格数目。点击标注区的某个标注，即可在位置标尺上定位，轴上深灰色横杠画出标注格长度。

4. 颜色含义

波形、时间轴、转写文字、与时间轴对齐的标注边界线，以黑色显示。

鼠标指针、时刻点准线、当前工作层的层名，以红色显示。

选中的标注、右边界线、标注格里的中横线，以蓝色显示。

不与时间轴同步关联的标注边界、中横线，以黄色显示。

二、界面常见操作

1. 调整界面分区大小

鼠标点击并上下移动界面中间横杠的等号"＝"，可以调整界面上下两个分区的大小。

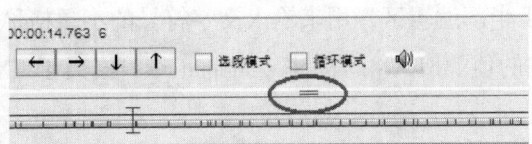

2. 分离和收回视频播放窗

鼠标右键点击视频播放窗任意处，按"窗口分离"菜单命令，可将窗口单独从主页面中分离出来。再按鼠标右键菜单"窗口复原"，可将窗口收回到主页面。

3. 放大和缩小声音波形

点击标尺横杠左端的三角标记▲▼，可隐藏/展开波形窗。鼠标按住并上下拖动波形窗下面的标尺横杠，可上下调节波形窗口。

按住 ctrl 键并拨动鼠标滚轮,水平放大(或缩小)波形。在波形区任意处按鼠标右键,弹出子菜单,按垂直放大,可垂直缩放波形幅度。

4. 用 praat 查看语图

在波形区任意处点击鼠标右键,弹出子菜单,按"在 praat 中打开文件",可调用 praat 打开音频文件。

在波形区任意托选一个音段,按鼠标右键,弹出子菜单,按"用 praat 打开选段/用 praat 剪切选段",可查看这个音段的语图,或切出这个音段。

5. 层操作

鼠标右键点击主界面的层名区,可显示层操作命令子菜单。

6. 快捷键查询

ELAN 提供了许多快捷键操作。点击主菜单"查看 > 快捷键",可查看 ELAN 各种操作命令的快捷键。

第三节 ELAN 的基本概念

一、层(tier)和标注(annotation)

ELAN 的层和 EXMARaLDA PE 的层、Audacity 的轨道是相同概念。转写标注内容都记录在层上,不同的说话人、不同的内容,分别使用不同的层。每个层有一个唯一的层名作为标识。

ELAN 主界面下半部编辑区,用来输入文字符号的小条格称为标注,条格里的文字内容就是标注的值。ELAN 的标注(annotation)相当于 EXMARaLDA 的事件(event)。

二、语言学类型(linguistic type)

ELAN 设立了语言学类型概念。语言学类型是对转写标注内容的分类。例如,有的层用来转写话语的句子,有的用来录入国际音标记音,有的记录普通话翻译,等等。句子、音标记音、普通话翻译,都是从语言学角度对转写标注内容的一种分类。ELAN 的语言学类型相当于 EXMARaLDA PE 的范畴(category)。

同 EXMARaLDA 一样,ELAN 的语言学类型由用户自行定义。

三、类型属性模式（stereotype）

ELAN还定义了语言学类型的几种属性模式。初学者不容易理解。类型的属性实际上规定了语言学类型的等级属性。

从第三章第三节我们知道，PE的层有T型、A型、D型、L型等类型，每个说话人必须有而且只能有一个转写层（T型）。T类型的层最重要也是地位最高的，其他类型的层都依赖转写层而存在。这叫作层的等级关系。

ELAN给语言学类型规定了类型模式，即等级关系。它类似PE的T型、A型、D型、L型之间的关系。PE的T、A、D、L关系比较简单，T地位最高，必须有，其他则可有可无、可多可少。而ELAN的语言学类型之间的关系略显复杂，有下面五种。

独立型（none）。这种语言学类型地位最高、最重要。

时间下分型（time subdivision）。这种语言学类型处于从属地位，也就是在它的父层下面分出一个个时间小段（音段）。例如，有一个句子层，在它下面建一个单词层，把句中的单词切分出来，并与录音中的对应音段绑定。这个单词层的类型模式就属于时间下分型。

象征下分型（symbolic subdivision）。这种语言学类型处于从属地位。与时间下分型不同的是，切分出来的一个个单位，不与音段一一对应绑定。

包含型（included in，INc）。与时间下分型类似。不同的是，切分单位可以是无文字内容的空段。

象征关联型（symbolic association）。这种语言学类型处于从属地位。它只与父层关联，不必再进行切分。

五种类型属性也好理解，它们是对语言单位层级关系的概括。例如，要对一段汉语方言对话录音做转写标注，从语言学分析角度看，要建立哪些层呢？首先必须断句，建立句子层，因此"句子"这个语言学类型是必需的。如果还要对句子的每个词进行分析，那就必须建立词层，因此还需要一个名为"词"的语言学类型。那么，句子和词的关系如何？显然，句子的地位高于词，词是句子下面再切分。如果要进一步把每个词的每个字（音节）分析出来，那就还要一个语言学类型"字（音节）"，而且很显然，字（音节）是词下面再切分。明白了这个道理，也就能理解为什么ELAN要给语言学类型定义上面的"独立""下分"等几种模式属性。

ELAN的类型属性是最底层关系，语言学类型分属不同的属性，转写标注层分属不同的语言学类型。某个类型一旦建立了层，就不能更改类型属性，除非把属于该类型的层删除。

第四节　新建标注文件

> 本节重点掌握的菜单命令：
> 添加语言学类型
> 更改语言学类型
> 添加新层
> 删除层
> 复制层
> 更改层属性

　　从第三章的学习中可以知道，运行 PE 以后先创建一个不带音视频媒体的空的转写文件，然后加入媒体文件。ELAN 的操作与 PE 不同，它必须先确定并打开媒体文件，才能进入主界面，创建一个转写文件（ELAN 称标注文件，下同）。

　　ELAN 新建标注文件必须经过以下步骤：①选定媒体文件；②新建空标注文件；③添加语言学类型；④添加新层。

　　下面通过实例学习 ELAN 的操作。多媒体转写标注的准备工作，请阅读第三章第四节内容。

　　实例 33　用视频文件"elan-example1.mpg"和音频文件"elan-example1.wav"新建标注文件。

　　【分析】这是一段两人英语对话。说话人分别用 SPK1、SPK2 表示。最简单标注应包括英文句子转写、音标注音、中文翻译，因而可定义 sentence、IPA、Chinesetr 等 3 个语言学类型。Sentence 地位最高，其他两个类型从属于它，因此 sentence 的类型模式属 none，其他两个是在它下面切分，类型模式属下分型，本例用时间下分，每句话与音段绑定。总共应建 6 个层。

　　【操作要点】新建，选定媒体文件，新建语言学类型，删除语言学类型，添加新层，删除层，更改层属性。

　　操作步骤：

　　第一步：新建标注文件并保存。

　　——运行 ELAN，单击主菜单"文件 > 新建"，弹出文件浏览窗口。

　　——在弹出窗口左边文件查找框中，同时选中"Chapter6/Example01/elan-example1.wav"和"elan-example1.mpg"两个媒体文件，点击双箭头按钮，将文件移到右边的"已选文件"列表框。

——按"确定",进入 ELAN 主界面,创建一个空标注文件,窗口界面如图 6-2 所示。窗口顶端标题栏出现提示信息"文件未命名,请先保存"。

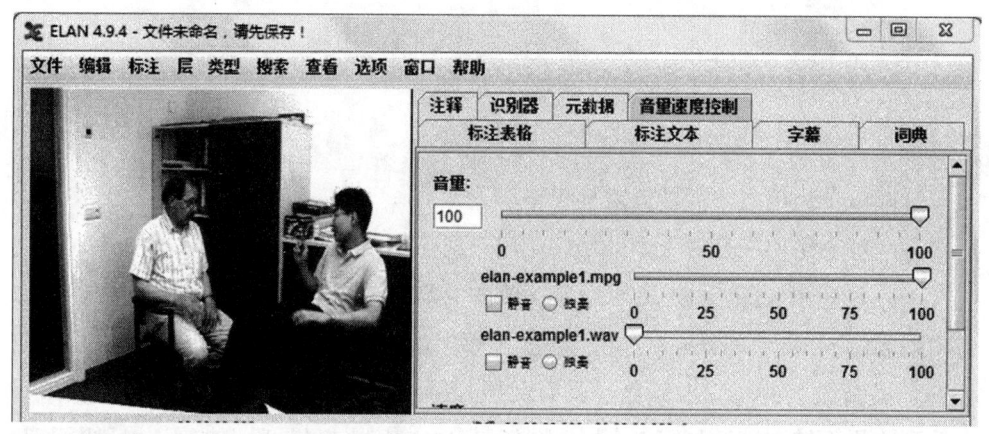

图 6-2

——单击主菜单"文件 > 保存",将文件保存为"elan-example1.eaf",与媒体文件同一目录。

第二步:添加语言学类型。

——单击主菜单"类型 > 添加语言学类型",弹出对话面板。类型名称:sentence;原始类型(类型模式):none,其他参数不变,按"添加",可看到当前类型列表中成功添加。

——点击面板中间的"改变、添加"切换按钮,回到添加状态。类型名称:IPA;原始类型:time subdivision,按"添加"按钮。

——轮流点击"改变、添加"切换按钮,回到添加状态。类型名称:PTH;原始类型:time subdivision,按"添加"按钮。

第三步:为第一个说话人添加 3 个层。

——鼠标右键单击 default 层,按子菜单"删除此层",将系统自动创建的缺省层删除。

——单击主菜单"层 > 添加新层",在弹出窗口中,层名 SPK1[sentence],发音人 SPK1,标注人空缺,父层 none,语言学类型 sentence,输入法英文。按"添加"。

——再输入层名 SPK1[IPA],发音人 SPK1,标注人空缺,父层 SPK1[sentence],语言学类型 IPA,输入法 ipa-ext,按"添加"。最后输入层名 SKP1[PTH],发音人 SPK1,标注人空缺,父层 SPK1[sentence],语言学类型 PTH,输入法中文，按"添加"。至此，说话人 SPK1 的 3 个层全部建成，如图 6-3 所示。

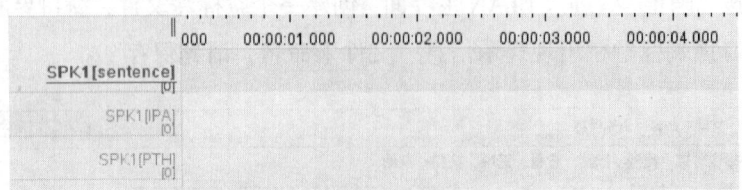

图 6-3

第四步：为第二个说话人添加 3 个层。

有两种方法：一是按上面的操作一层一层添加；二是用复制的方法。

——双击 SPK1［sentence］层名，单击主菜单"层＞复制层"，弹出对话窗。选中列表的 SPK1［sentence］层，勾选"也复制附属层"，按"下一步"。由于前面选了最高级别的层，上面已经没有父层，继续按"下一个"，直到最后结束，可看到主界面转写区添加了 3 个层。层名和 SPK1 相同，只是后面加了 cp 后缀标记。因此，需要更改层名。

第五步：更改层属性。

——双击层名 SPK1［sentence］-cp，变成红色。

——单击鼠标右键菜单"更改此层属性"，在弹出窗口中，将层名改为 SPK2［sentence］，按"改变"按钮，如图 6-4 所示。依次操作，将 SPK1［IPA］-cp、SPK1［PTH］-cp 分别更名为 SPK2［IPA］、SPK2［PTH］。

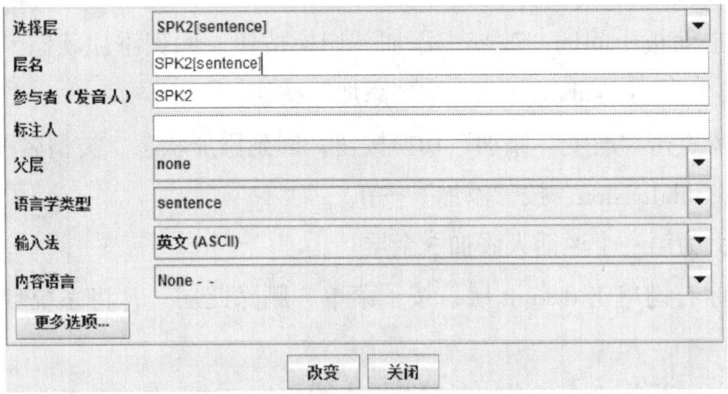

图 6-4

至此，建立标注层的工作全部完成。接下来就可以切分录音、创建标注、录入文字。

第六步：将标注文件保存为模板。

与 PE 相比，ELAN 添加层比较麻烦。如果要将这次创建的语言学类型和层用于其他录音录像转写，则可以将标注文件另存为模板文件。下次进行其他录音录像标注时，直接套用这个模板，而不必烦琐地一个一个定义语言学类型，再一个一个地为每位说话人添加层。将标注文件存为模板文件操作如下。

——单击主菜单"文件 > 另存为模板"，模板文件后缀是 etf，命名模板文件，按"保存"即可。

第五节　利用模板新建标注文件

> 本节重点掌握的菜单命令：
> 　　新建 > 模板
> 　　类型 > 更改语言学类型
> 　　层 > 更改层属性
> 　　文件 > 另存为模板

从前一节可知，用 ELAN 新建标注文件必须先建立语言学类型，并指定语言学类型的模式属性，然后才能添加新层。初学者常常不容易确定语言学类型应该选择哪种类型模式。为了解决初学者建立语言学类型和新建层的困难，ELAN 提供了利用模板功能。

标注模板就是一个标注文件框架，它预定义了说话人、语言学类型和类型模式、标注层。用户新建标注文件时，可直接调用模板，而不必自己重新定义类型、模式、层、说话人。

应注意的是，模板不是万能的。不同的转写员，其转写标注目的和要求有所不同，因而定义的语言学类型和层可能有所不同。模板往往也要经过修改后才能适合各自的实际需要。

下面利用本章第一节提到的官方网站的模板来新建标注文件。

实例 34　从官方网站的 elansampletemplates 模板包选择一个模板，创建录音"dailogYi.wav"的标注文件。

【分析】录音文件是两人彝语对话，至少应定义 3 个语言学类型：彝文转写、音标注音、普通话意译。考虑到录音是少数民族语言，除了每句话有普通话翻译之外，最好是句子的每个词都有普通话对应的翻译。因此，建议定义 4 个语言学类型：彝文、音标、普通话意译、词对译。这样一来，每个说话人需要定义 4 个层，总共 8 层。

官方模板包有6个模板，其中模板2、3、5、6定义了两个说话人，模板5定义了4个层：Text，Word，Gloss，Free Translation，刚好符合我们的需要。我们只要将名称Text改成彝文层（Yi），Gloss改成音标层（IPA），Word不变，Free Translation改成普通话意译（PTH）即可。

【操作要点】新建>媒体，新建>模板，更改层属性，另存为模板。

操作步骤：

第一步：调入媒体和模板。

——运行ELAN，单击主菜单"文件>新建"，在弹出窗口的文件目录查找框中，选定音频文件"Chapter6/Example02/dialogYi.wav"，按箭头键移到已选文件列表框。

——点击"模板选项"，在文件查找框选模板"elansampletemplates/Template5.etf"，按箭头键移到已选文件列表框。按"确定"，结果如图6-5所示。

从图中可知，文件共有两个说话人、8层。

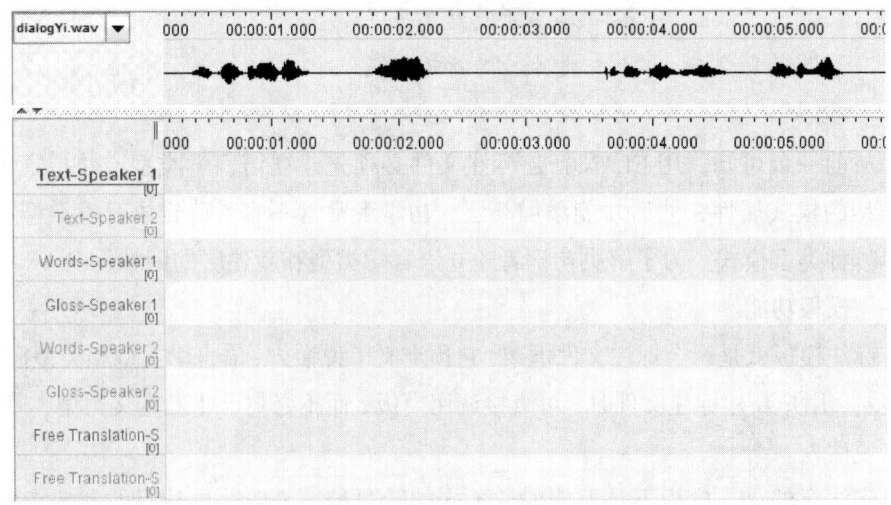

图 6-5

第二步：更改层名。

为了便于国内读者辨识，可对层名进行更改。

——双击Text-Speaker1层名，变成红色。鼠标右键单击层名"更改此层属性"，在弹出的更改层属性窗口中，将层名改为speaker1［Yi］，其他参数不变。

——单击左下角"更多选项"按钮，点击层字体条格后面的浏览键，在弹出的字库列表中选择microsoft Yi Baiti（彝文白体），按"应用>改变"，完成该层的更名和字体设置。

——双击Words-Speaker1层名，变成红色。依照上一步骤操作，将层名改为speaker1［word］，输入法和字体用中文。

——双击 Gloss-Speaker1 层名，依照上步操作，将层名改为 speaker1［IPA］，输入法用英文，字体用国际音标。

——双击 Free Translation-Speaker1 层名，依照上一步骤操作，将层名改为 speaker1［PTH］，输入法用中文，字体用宋体。

第二个说话人也可以按上面的操作更改层名。

第三步：更改语言学类型。

——单击主菜单“类型 > 更改语言学类型”，在弹出窗口列表中可以发现，原模板定义了 3 个语言学类型（图 6–6）。可以把类型名 translation 改为 Putonghua。

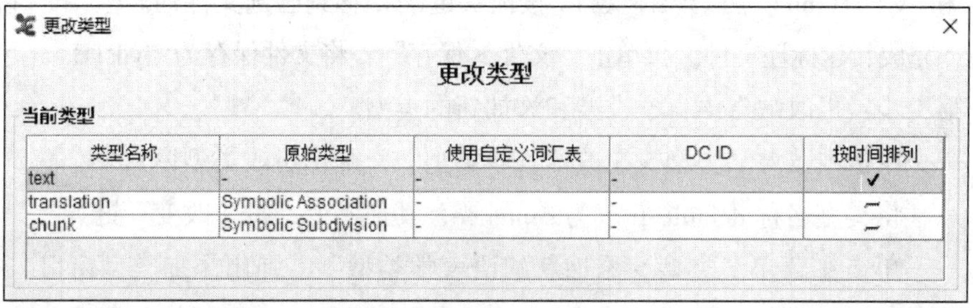

类型名称	原始类型	使用自定义词汇表	DC ID	按时间排列
text	-	-	-	✓
translation	Symbolic Association	-	-	—
chunk	Symbolic Subdivision	-	-	—

图 6–6

第四步：保存文件，并另存模板。

——单击主菜单“文件 > 保存”。

——单击主菜单“文件 > 另存为模板”，另外保存一个模板文件（*.etf）。

第六节　切割模式：快速切分音段

本节重点掌握的菜单命令：

类型 > 添加语言学类型

层 > 添加新层

选项 > 切割模式

创建了标注文件，接着是对媒体切分，录入标注文本。通常，话语录音录像都要切分一个个句子，进行注音和翻译。ELAN 的切割模式，可以便捷实现音频和视频的断句切分。

实例 35　用“yjPTH.wav”“yjPTH.mp4”两个媒体文件创建一个标注文件，并进行句子切分。

【分析】这是一段单人的地方普通话口述。标注文件可定义"句子""拼音"两个语言学类型，建立两个层，一层记录汉字转写，一层记录汉语拼音。

【f操作要点】新建，添加语言学类型，更改语言学类型，添加新层，更改层属性，切割模式。

操作步骤：

第一步：新建并保存标注文件。

——运行 ELAN，单击主菜单"文件＞新建"，

——在弹出新建窗口的文件查找条框中，选定"Chapter6/Example03/yjPTH.wav"和"yjPTH.mp4"两个媒体文件，按箭头键 ，移到已选文件列表框，按"确定"按钮，完成新建标注文件。再单击"文件＞保存"，将文件保存为"yjPTH.eaf"。

第二步：更改缺省语言学类型和添加新的类型。

——单击主菜单"类型＞更改语言学类型"，弹出更改类型窗口。

——将类型名称 default-lt 改为 sentence，其他不变，按"改变"键。

——单击主菜单"类型＞添加新的语言学类型"，弹出添加类型窗口。类型名称填 pinyin，原始类型 Time Subdivision（时间下分），按"添加"完成。

第三步：更改层名和添加新层。

——单击主菜单"层＞更改层属性"，在弹出的更改层属性窗口中，层名 default 改为 SPK1［sentence］，参加人（发音人）SPK1，标注人空缺，父层 none，语言学类型 sentence，输入法选"中文"，内容语言 None，按"改变"，完成缺省层的更名。

——单击主菜单"层＞添加新层"，在弹出的添加层窗口中，层名填 SPK1［pinyin］，发音人填 SPK1，父层选 SPK1［sentence］，语言学类型选 pinyin，输入法选"英文"，按"添加"完成。

第四步：切分音频。

——单击主菜单"选项＞分割模式"，进入音频切分界面，如图 6-7 所示。

——按播放按钮，试播录音录像。再按停止按钮，按第一个箭头键，将指针移到媒体起始点。

界面上端有"分割方式""音量速度控制"两个功能切换按钮。按"音量速度控制"切换按钮，将播放速度调慢到 80% 之前。再按"分割方式"，回到切割模式。下面有几个操作选项。

"两个标记连成一个标注段（非相邻标注段）"。标记设定键为回车键，先在音频起点按回车键，再在句子的终点按回车键，切出一个句子音段，每个句子标注段都有起点分割线和终点分割线。

"一个标记确定一个标注段（相邻的标注段）"。在前一个句子标注段的起点按回车键，再在第二个标注段的起点按回车键，第二个的起点同时也是第一个的终点。

"一个标记确定一个标注段（指定时长）"。先设定一个秒数，在起点按一次回车键，系统按固定秒数自动切出许多相等标注段。这种方法不合适话语，因为句子快慢长短很不一样，平均切分就会乱套。

"每个标注一个按键，按下标记开始，放开标记结束"，这种方法似乎不符合一般人按回车键的习惯，不推荐使用。

"延迟模式：补偿标记延迟时间（毫秒）"，建议不勾选。

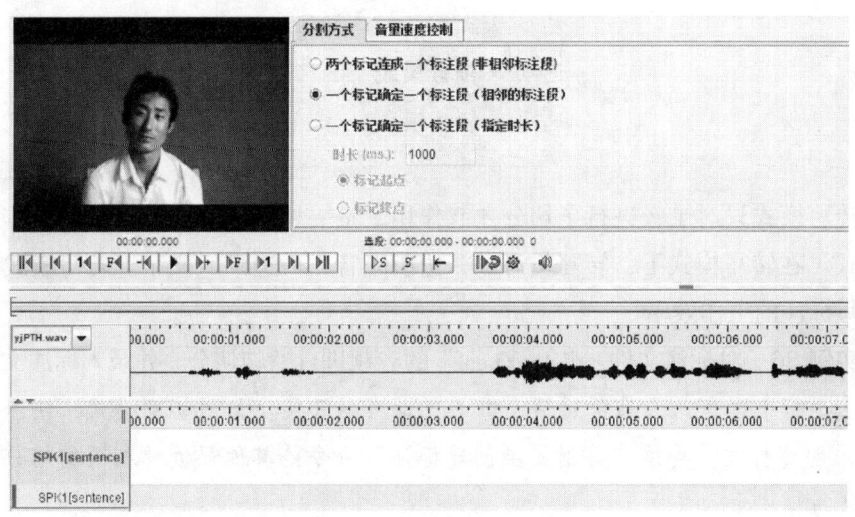

图 6-7

——点选"一个标记确定一个标注段（相邻的标注段）"。
——将鼠标红色准线移至音频的第一句起始点。
——右手将鼠标移至播放按钮上，左手放在回车键上。
——鼠标点击播放按钮，同时左手单击回车键，边听边看准线移动，在句子终点再按回车键，再在第二个句子终点再按回车键，依次操作，直到播放完毕，如图 6-8 所示。

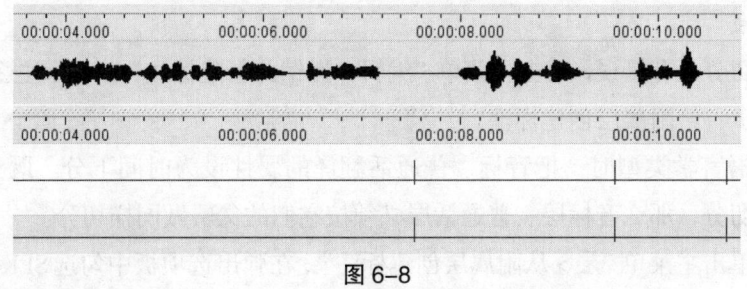

图 6-8

从图 6-8 中可看到，每个切分段两端有竖线作为切分段（标注）的分界线，这些切分段对应于时间轴上的音段。单击选中任意一个标注段，对应的声波段变成灰色，同时被选中。这和 PE 的事件与时间轴切分段的原理相同。

第七节 转写模式：边播放，边录入文字

> 本节重点掌握的菜单命令：
> 选项 > 切割模式
> 层 > 从附属层创建标注
> 选项 > 转写模式
> 选项 > 标注模式

转写模式只对录音进行了切分才起作用，是一种打字录入转写标注文本的工作模式。在转写模式下，转写员可以一边听录音，一边录入文字。转写模式提高了转写标注的工作效率。

实例 36 对标注文件"dialogYi.eaf"的音频进行断句切分，并录入标注文本。

【分析】这是两人彝语对话，每个说话人各 3 层。先用切割模式，快速切出句子，创建标注。再用"给附属层创建标注"命令给其他层创建相同的切分，最后用转写模式录入文本。

【操作要点】打开标注文件，切割模式，从附属层创建标注，转写模式。

操作步骤：

第一步：在切割模式下切分句子。

——双击打开标注文件"dialogYi.eaf"，单击主菜单"选项 > 切割模式"，进入切割工作界面。请注意，切割模式只对最高级别的层（none）有效。

——点选"一个标记确定一个标注段（相邻的标注段）"。

——点击播放键，同时按回车键，一边听录音，一边按回车键切分句子，直至录音结束。

如果切分点有错误，单击主菜单"编辑 > 撤销此新建标注"，将标注逐个撤销。

第二步：给附属层创建标注。

定义语言学类型时，把音标、普通话翻译的属性设为时间下分。既然它们的上层已经切分，那么音标层、普通话层必须按它们的父层做同样切分。

——单击主菜单"层 > 从附属层创建标注"，在弹出选项板中勾选 SPK1，按"下

一步",在弹出的选项面板中勾选 SPK1 的 2 个附属层 SPK1[IPA]、SPK1[PTH],按"结束"。

——单击主菜单"选项>标注模式",可以看到 SPK1 的 3 个层都进行了一致的标注切分。

第三步:进入转写模式。

——单击主菜单"选项>转写模式",进入转写模式界面,如图 6-9 所示。

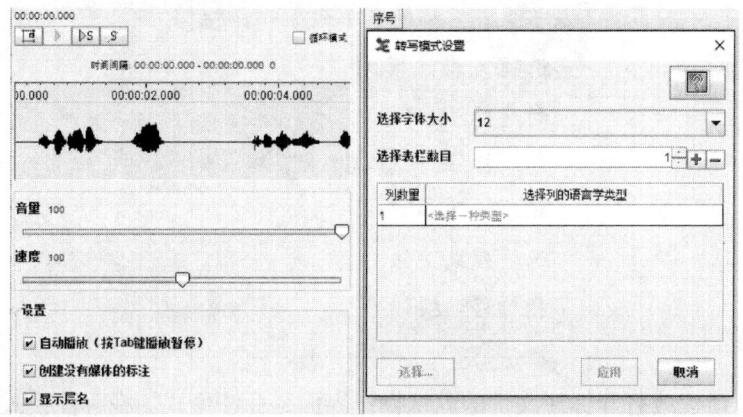

图 6-9

——字体大小设为 12 号,表栏数目设为 1 栏(1 列)。单击"选择一种类型"选中 sentence,按左下角"选择"按钮,弹出选择层面板,选中 SPK1,按"应用"按钮进入 SPK1 打字界面,如图 6-10 所示。

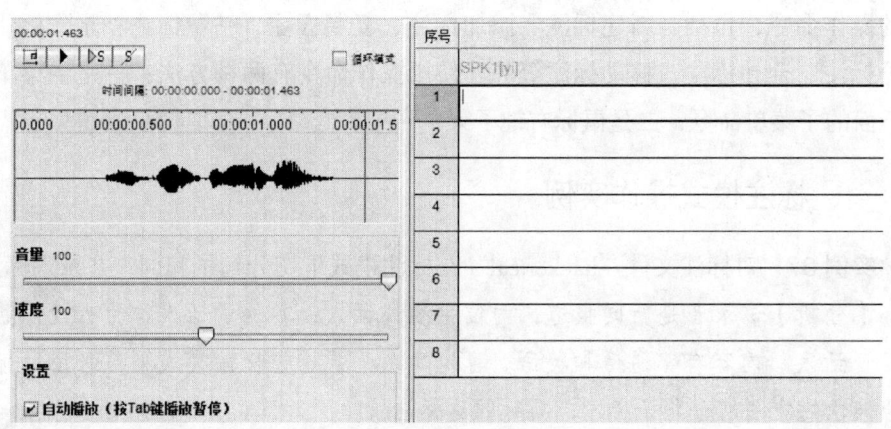

图 6-10

——点击右边空格条,即可播放对应的切分音段,同时在空格条里录入彝文转写,直至结束。本例 Chapter6\Example04 实例文件夹中有彝文转写文本,可以复制和粘贴。

——单击页面左下角设置按钮,弹出转写模式设置窗口,按"选择>word&IPA

类型",按"应用"按钮,继续录入国际音标记音,直至结束。依次操作,最后录入普通话翻译。

第八节 标注模式:边切分,边标注

```
本节重点掌握的菜单命令和按钮:
  选项 > 标注模式
  新建标注
  复制标注
  粘贴标注
  选段模式按钮
  指针移动按钮
```

ELAN 新建或打开标注文件的默认操作界面是标注模式。在标注模式下,可手动拖选声波的任意音段,调整和修改音段的时长和时刻点,创建切分音段的标注格,录入文本,以及对标注进行编辑修改。选段和切分音段,创建和编辑标注,层的编辑,都可以在标注模式下进行。

ELAN 的标注相当于 EXMARaLDA PE 的事件。ELAN 也提供了丰富的编辑标注的操作命令,包括:新建标注、添加标注、复制标注、粘贴标注、删除标注、拆分标注、合并标注、移动标注等等。使用操作命令有两种方法:一是主菜单标注下面的子菜单命令,二是鼠标右键子菜单命令。

一、标注模式操作实例

实例 37 对标注文件"hacker.eaf"在标注模式下切分句子和词,并录入标注。

【分析】该录音是新闻报道,两位主要说话人,其他说话人作为听众,共设三位说话人。内容有普通话和英语。可定义两个层。在标注模式下,采用鼠标拖选声波段的方法切分句子音段,同时创建标注。

【操作要点】播放按钮,指针移动按钮,选段模式,新建标注,复制标注,粘贴标注。

操作步骤:

第一步:切分句子音段并新建标注。

——双击打开"Chapter6/Example05/hacker.eaf"标注文件。

第六章 语料转写软件 ELAN

——双击层名 newsman[txt]，将它变成当前操作层。
——勾选中间播放按钮右边的"选段模式"。
——点击第一排播放按钮的第一个按钮，将指针移到音频的起点位置。
——按播放按钮，听录音，在第一句话结束点按停止按钮，系统自动选出第一句话。如果指针的位置不准确，则在正确的时间轴位置点击鼠标，调整位置，如图 6-11 所示。
——在选段区域内任意处单击鼠标右键"在此新建标注"，系统在当前操作层产生一个空格条，这时可录入第一句话的文字，然后按回车键确定。

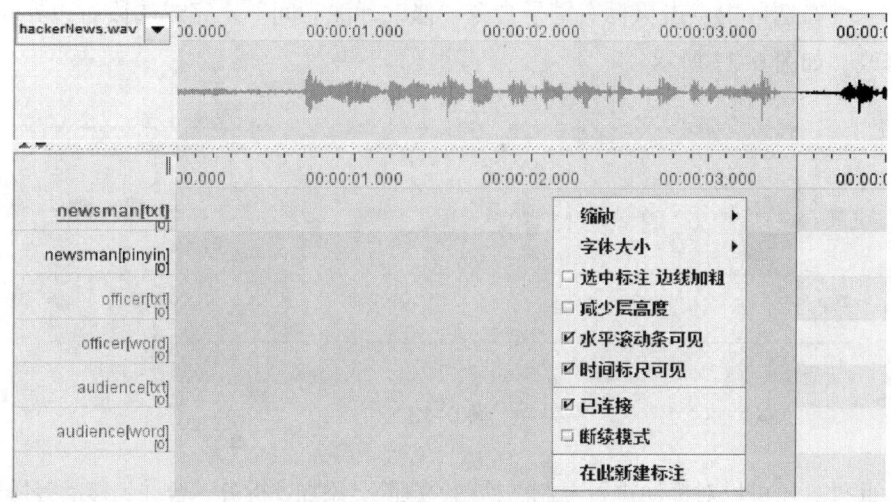

图 6-11

——按清除选段按钮 S ，清除第一句话的灰色。
——按播放按钮，听录音，在第二句话的结束点按停止按钮，系统接着选出第二句话。在选区内单击鼠标右键子菜单"在此新建标注"，在空格条中输入第二句话的转写文字，按回车键确定。

依次操作，将第一位说话人的话语切分完毕。

——双击层名 officer[txt]，将鼠标移至第二位说话人的话语起点。
——按播放按钮，听录音，在第一句话结束点按停止按钮，系统选出这句话。在选区内单击鼠标右键子菜单"在此新建标注"，在空格条输入转写文字。

依次操作，完成第二位说话人、其他说话人的句子切分和标注。

第二步：调整标注段的边界线时间点位置。
——单击选中一个需要调整边界时间点的标注段。
——点击左右边界线光标移动按钮 →，移动红色指针置边界线。如图 6-12 所示，需要将右边界线的时间点向左缩进，到 00:00:10.000 的时刻点。

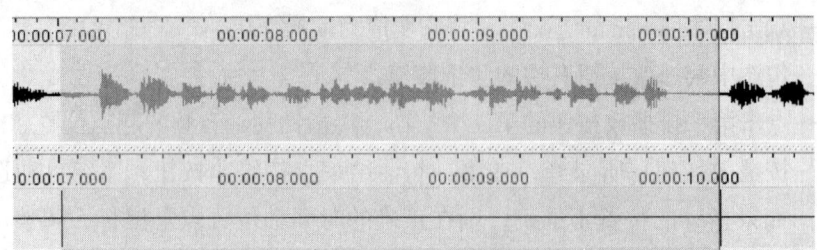

图 6-12

——按住 Shift 键，点击时间轴标尺 00:00:10.000 处，灰色选区向左缩进。

——在选区内点击鼠标右键子命令"修改标注时间"，完成选段右边界时刻点修改，如图 6-13 所示。

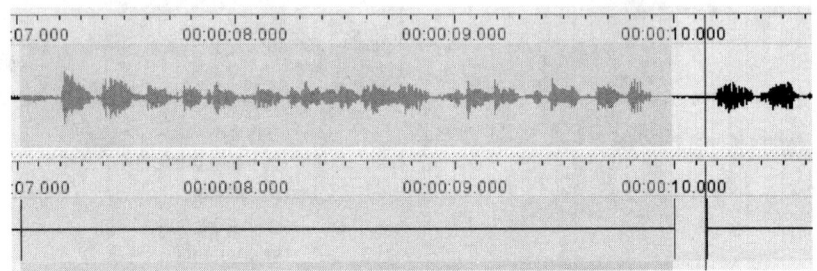

图 6-13

此外，还可以对标注进行复制、粘贴、删除、添加、拆分、合并、移动等操作。具体操作可用鼠标右键子菜单命令或主菜单"标注"的子命令。

二、标注模式下的快捷键

标注模式下有许多快捷操作键。掌握这些快捷键，可提高切分音段、编辑标注的效率。

1. 常用键盘快捷操作键

表 6-1

单用快捷键	功　能
Shift + 鼠标滚轮	整体横向移动波形
Ctrl+ 鼠标滚轮 Ctrl +/-	横向放大 / 缩小声音波形
Ctrl+ 鼠标左键	选出任意位置的选段
Shift + 鼠标左键	选出几个连续的选段

2. 指针移动按钮

从左到右按钮功能如下。

指针移到起点；指针移到左满屏；指针左移 1 秒；指针左移 1 帧面；指针左移 1 像素；播放/停止；指针右移 1 像素；指针右移 1 帧面；指针右移 1 秒；指针右移满屏；指针移到终点。

勾选选段模式下，从左到右按钮功能如下。

播放选段；清除选区；指针移到选区左/右边界；光标到前一选区；光标到后一选区；光标到下一层选区，光标到上一层选区。

第九节　浏览标注文本

> 本节重点掌握的操作按钮：
> 标注格
> 文本
> 字幕

ELAN 主界面的浏览器切换键 Grid（标注格）、Text（文本）、Subtitle（字幕），可以 3 种方式显示标注文本。

浏览标注格：将用户指定层的标注文本，按行显示，每个标注占一行，并列出该标注的起始时间、结束时间和时长。

浏览全部文本：将用户指定层的标注文本，整篇显示。

浏览字幕：将用户指定层的标注文本，按音段显示标注。播放该段录音时，同步显示该音段的标注文字。

实例 38　用浏览器切换键标注格、文本、字幕查看"20sentYi.eaf"标注文本。

【分析】这是一个单人句子录音，有 3 层，已切分句子。

【操作要点】浏览器切换键，指定层。

操作要点：

第一步：浏览标注格。

——双击打开"Chapter6\Example06\20sentYi.eaf"标注文件。

——单击浏览器切换键"标注格"，单击"选择一个层"，从列表选择 MZ

［sentIPA］层，结果显示如图 6-14 所示。

序号	标注	开始时间	结束时间	时长
1	tsʰ135 gɯ33 li35 ɕa35 gɯ33 ɔ33?	00:00:00.000	00:00:01.510	00:00:01.510
2	z133 nɔ33 ho31 kʰɯ31 mu33 hi31?	00:00:01.510	00:00:03.350	00:00:01.840
3	ŋa33 tsʰ133 ŋa33 dʑe35 a31 gy33 s133.	00:00:03.350	00:00:05.560	00:00:02.210
4	ni31 hi35 tsʰ131 kɯ35 hi31 s133.	00:00:05.560	00:00:07.520	00:00:01.960
5	ni31e33 za33 e33 za35 mu33 hi31.	00:00:07.520	00:00:09.550	00:00:02.030
6	tsʰo35 lɔ33 a31 ho35 mu33 hi31 lo33 ni31·	00:00:09.550	00:00:11.600	00:00:02.050
7	ŋa33 ɲi35 kɯ33 hi31.	00:00:11.600	00:00:13.620	00:00:02.020
8	a33 dɯ35 ma33 su33 da35 nɯ31 ko33 su35.	00:00:13.620	00:00:16.030	00:00:02.410
9	ŋa35 hi31 gɯ31 s131 ŋɯ31 ŋɯ33 a33?	00:00:16.030	00:00:18.300	00:00:02.270
10	mo35 li31 gɯ31 su31 li33 ŋɯ33 zi31.	00:00:18.300	00:00:20.360	00:00:02.060

图 6-14

第二步：浏览文本。

——单击浏览器切换"文本"，单击"选择一个层"，从列表选择 MZ［sentIPA］层，结果显示如图 6-15 所示。

MZ [sentIPA] (TIE0)

tsʰ135 gɯ33 li35 ɕa35 gɯ33 ɔ33? · z133 nɔ33 ho31 kʰɯ31 mu33 hi31? · ŋa33 tsʰ133 ŋa33 dʑe35 a31 gy33 s133. · ni31 hi35 tsʰ131 kɯ35 hi31 s133. · ni31e33 za33 e33 za35 mu33 hi31. · tsʰo35 lɔ33 a31 ho35 mu33 hi31 lo33 ni31· ŋa33 ɲi35 kɯ33 hi31. · a33 dɯ35 ma33 su33 da35 nɯ31 ko33 su35. · ŋa35 hi31 gɯ31 s131 ŋɯ31 ŋɯ33 a33? · mo35 li31 gɯ31 su31 li33 ŋɯ33 zi31. · lu31 zi31 tsʰ131 gɯ31 tsʰo35 lɔ33 ŋa33. · ŋa33 dʑe33 gy33 gy33 ɔ35. · ni33 ŋa33 si33 dʑe33 gy33 gy33 ɔ35. · ni35 do35 ŋa31 ko33 ŋa33 zi35 a33 si33. · ni33 zio33 nɔ33 ho35 hi kɯ31 kɯ33 a33? · ŋa33 zio33 nɔ33 ho35 hi35 ko31 ko31 su35 su35 a31? · su31 zi31, ni33 zo33 si35 ndʑi33 a35 ndʑi33. · tsʰ131 hi31 ko33 a31 su35. · hi35 si35 dʑi33 to33 ɔ35, tsʰo35 lɔ33 ɕɯ33 nɯ33 ta35. · ŋa33 la35 z133 do35, ni33 zi35 mo35 do33.

图 6-15

第三步：浏览字幕。

——单击浏览器切换键"字幕"，单击选择层按钮 ▼，分别选择 3 个层。

——按播放按钮，可看到字幕随播放录音变化，如图 6-16 所示。

MZ [sentIPA] (TIE0)
tsʰ135 gɯ33 li35 ɕa35 gɯ33 ɔ33?
MZ [wordPTH] (TIE1)
这 些 是 什么 些 啊（助）
MZ [sentPTH] (TIE2)
这是什么？
MZ [sentPTH] (TIE2)
这是什么？

图 6-16

第十节　输出和导入

一、输出功能

点击菜单"文件 > 输出 / 多个文件输出"，可将单个或多个标注文件输出为其他软件的文件格式，或输出通用的可视化文本。输出文件格式列表见表 6-2。

表 6-2

格　式	说　明
Toolbox 格式 Shoebox 格式	Toolbox 是美国 SIL 发布的词典编纂工具，Shoebox 是旧版本。软件下载网站：www.sil.org
Flex 格式	Flex 是美国 SIL 发布的语言田野调查工具。软件下载网站：www.sil.org
CHAT 格式	CHAT 是美国卡耐基梅隆大学儿童语言语料库 CHILDES 转写工具 CLAN 的标注格式。网站：http://childes.talkbank.org
Praat textgrid 格式	Praat 是荷兰鹿特丹大学语音实验室研发的语音实验工具，该工具可对录音进行标注
quicktime 文本	苹果媒体播放器的字幕文件格式
字幕文本	电影字幕文件，后缀 srt；必须与视频文件同名，播放电影时自动载入字幕
SMIL 文件	将转写输出为同步多媒体集成语言文件。用这个文件可引用网络媒体文件，用 Realplayer 或 QuickTime 播放器播放
HTML 文件	网页格式文件
Tiger xml 格式	标注软件 Synpathy 接受的含句法结构信息的文件
TAB 文本	带制表符格式的文本文件
分行标注文本	转写和标注分行编排的文本文件
传统转写格式文本	类似剧本排版格式的文本文件
按字母排序词表	转写文本的词汇列表文件
用于识别器的层文本	输出 AVATech 识别器接受的文件格式
连续图像	将选中的标注段视频，转换为一幅一幅的图像

二、导入功能

点击菜单"文件 > 导入 / 导入多个文件",可导入其他软件生成的标注文件或某些通用文件格式。导入文件格式列表见表 6-3。

表 6-3

格　式	说　明
Toolbox 文件	见上表
Shoebox 文件	见上表
Flex 文件	见上表
CHAT 文件	见上表
Praat textgrid 文件	见上表
Transcriber 文件	早期法国人开发的转写软件
CSV/TAB 制表符文本文件	用逗号或 tab 键分隔的文本,可直接转换为表格
识别器的层文本	ELAN 识别器插件生成的文本

第十一节　层的自动分词

> 本节重点掌握的菜单命令:
> 层 > 自动分词(Tokenize tier)

自动分词就是系统根据标注文本的空格、标点符号或用户设定的其他字符,将某个层的标注文本自动切分为词或其他更小单位。例如,标注文本是英文,由于每个词有空格分开,系统根据空格切出单词。对于中文文本,无法自动分词,除非打字时每个词之间有空格。

实例 39　将"dalogueYi.eaf"的拼音彝文层进行分词,保存在另外单独一层。

【分析】标注中的拼音有空格分词,因此可以将空格设定为分词标记。

【操作要点】略。

操作步骤:

——双击打开"Chapter6\Example07\dialogueYi.eaf"标注文件。

——单击主菜单"层 > 标志层",弹出窗口。如图 6-17 所示,来源层是指将要分词的层，目标层是指存放分词结果的层。这里应新建一个层，存放分词结果。因此，设置如下。

来源层：AL［Yipinyin］，目标层：按"新建层"。

——在弹出新建层窗口中，层名：AL［wordPinyin］，父层：AL［Yipinyin］，类型：IPA。按添加按钮，完成新建层。关闭新建层窗口，回到标志层窗口。

——点选"定制（每一个字母将被视为一个符号）"，在空格中输入一个空格。

——点选"保存"，勾选"为空标注创建目标标注"，按"开始"按钮，关闭小窗口。可看到主界面标注编辑区底下添加了一个新层，每个单词按空格键切分为标注。

图 6-17

——双击底下的新层名 AL［wordPinyin］，按住鼠标，将它上移到 AL［Yipinyin］层下面。如图 6-18 所示，每句话已经按空格分词。

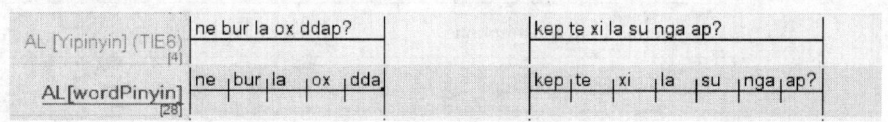

图 6-18

第十二节　菜单命令

文件的菜单命令见表6-4。

表6-4

New		新建转写文件
Open		打开转写文件
Open rencent file		打开最近用过的转写文件
Close		关闭当前转写文件
Save		保存转写文件
Save as		另存转写文件
Save as template		另存为模板文件
Save selection as .eaf		将选段另存为 eaf 转写文件
Merge transcriptions		合并两个转写文件
Automatic backup		设置自动备份时间间隔
Page setup		页面设置
Print preview		打印预览
Print		打印
Multiple file processing（多文件处理）	Create transcription files from media files	由多个媒体创建转写文件
	Edit mutiple files	编辑多个转写文件
	Scrub transcriptions	取消转写
	Annotation from overlaps	从重叠话语创建标注
	Annotation from substraction	从切割段创建标注
	Statistics for multiple files	多文件统计
Export as		导出多种格式的文件
Export multiple files as		同时导出多个文件另存为其他格式
Import as		导入转写文件
Import multiple files as		导入多个转写文件

编辑的菜单命令见表6-5。

表6-5

Undo		撤销
Redo		重置
Copy current time		复制当前时间
Edit controlled vocabularies		编辑控制词汇
Edit lexicon services		编辑词典服务
Set author		设置作者
Linked files		已链接文件
Preference（偏好设置）	Edit preferences	编辑偏好设置
	Eidit shortcuts	编辑快捷键
	Import preferences	导入偏好设置
	Export preferences	导出偏好设置

标注的菜单命令见表6-6。

表6-6

New annotation here		在此新建标注
New annotation before		在前面新建标注
New annotation after		在后面新建标注
Create depending annotations		创建附属层标注
Modify annotation value		修改标注内容
Modify annotation data category		修改标注数据目录
Merge with next annotation		合并后一个标注
Merge annotation before		合并前一个标注
Remove annotation value		删除标注内容
Split annotation		拆分标注
Delete annotation		删除标注
Del（删除）	Annotation on active tier in the selected time interval	删除所选时段的活动层标注
	Annotation on active tier, left of crosshair	删除活动层准线左侧标注
	Annotation on active tier, right of crosshair	删除活动层准线右侧标注
	Annotation on all tiers, left of crosshair	删除指针左侧所有层标注
	Annotation on all tiers, right of crosshair	删除指针右侧所有层标注

续上表

Copy annotation		复制标注
Copy annotation group		复制一组标注
Duplicate annotation		复制标注副本
Paste annotation		粘贴标注
Paste annotation group		粘贴标注组
Paste annotation here		在此粘贴标注
Paste annotation group here		在此粘贴标注组
Shift（标注移位）	Active annotation	移动活动标注
	Annotation on active tier in the selected time interval	移动活动层所选时段标注
	Annotation on active tier, left of crosshair	移动活动层准线左侧标注
	Annotation on active tier, right of crosshair	移动活动层准线右侧标注
	Annotation on all tiers, left of crosshair	移动准线左侧所有层标注
	Annotation on all tiers, right of crosshair	移动准线右侧所有层标注
Shift all annotations		移动所有标注

层的菜单命令见表6-7。

表6-7

Add new tier	添加新层
Change tier attributes	更改层属性
Change parent of tier	更改父层
Delete tier	删除层
Import tiers	导入层
Add new participant	添加新的参加人
Tokenize tier	给层分词
Filer tier	过滤层，将甲层的标注经过筛选过滤后，复制到乙层

续上表

Copy tier	复制层
Merge tiers	合并层
Merge tier group	合并一组层
Create annotations on dependent tiers	给附属层创建标注
Create annotations from overlaps	由重叠话语创建标注
Create annotations from overlaps（classic）	由重叠话语创建标注（经典式）
Create annotations from gaps	由空隙段创建标注
Create annotations from substractions	经删减后创建标注。将某些层的标注内容进行一些删减，或合并到新层
Create regular annotations	创建等分标注。设定时间起点和终点或时长，创建时段等分的标注
Remove annotations and values	删除标注和内容
Label and number annotations	给标注加标签和序号
Change case of annattions	更改标注大小写
Compare annotations	标注员工作对比。检查同一标注文件由两个人标注时，是否一致

类型的菜单命令见表 6-8。

表 6-8

Add new linguistic type	添加新的语言学类型
Change linguistic type	更改语言学类型
Delete linguistic type	删除语言学类型
Import linguistic type	导入语言学类型

搜索的菜单命令见表 6-9。

表 6-9

Find and（replace）	查找和替换
Find and replace in multiple files	在多个文件中查找和替换
Search multiple eaf	搜索多个 eaf 文件
Structured search multiple eaf	结构化搜索多个 eaf 文件
Go to	定位至

查看的菜单命令见表6-10。

表6-10

Media player		媒体播放器
Viewer（浏览器）	Grid viewer, text viewer, subtitles viewer, lexicon viewer	标注格查看器，文本查看器，字幕查看器，词库查看器
	Audio recognizer viewer, video recognizer viewer, metadata, signal viewer, interlinear viewer, time series	显示音频\视频识别器，元数据，音频信号浏览器，跨行浏览器，显示时间序列
Tier dependencies		层结构
Shortcuts		快捷键
Font browser		字体浏览
View log		查看日志
Annotation spreadsheet		标注样表
Annotation statistics		标注统计

选项的菜单命令见表6-11。

表6-11

Propagate time changes（顺移时间变更）	Normal	缺省模式（覆盖）
	Bulldozer mode	平推模式
	Shift mode	平移模式
Annotation mode		标注模式
Media synchronization mode		媒体同步模式
Transcription mode		转写模式
Segmentation mode		切分模式
Interlinearization mode		行间模式
Activity monitoring		活动监视
Play around selection		播放选段前后部分
Rate and volume toggling		调节速度和音量
Set frame length		设置帧长
Language		语言

思考与练习

1. 将转写文件"dialogStory.exb"输出 ELAN 标注文件，并新建一个层，对每句话的每个词进行切分。

2. 录制一段汉语方言两人对话，用 ELAN 新建一个标注文件，要求每个说话人有方言转写、音标注音、普通话翻译三个层。

3. 用 Audacity 录制了一个口述故事，并且有中文和拼音注音标签，如何导入 ELAN 软件，生成 eaf 标注文件？请说明具体操作步骤。

4. 如何将转写文件"dialogStory.exb"和录音文件转换为 SonicField 的句子调查表？请说明具体操作步骤。